ŒUVRES

DE

SAINT-SIMON

PUBLIÉES PAR LES MEMBRES DU CONSEIL

INSTITUÉ PAR ENFANTIN

POUR L'EXÉCUTION DE SES DERNIÈRES VOLONTÉS

SEPTIÈME VOLUME

PARIS
E. DENTU, ÉDITEUR
LIBRAIRE DE LA SOCIÉTÉ DES GENS DE LETTRES
PALAIS-ROYAL, 17 ET 19, GALERIE D'ORLÉANS

1869

ŒUVRES

DE

SAINT-SIMON.

EXPLICATIONS BIBLIOGRAPHIQUES.

1822.

— DES BOURBONS ET DES STUARTS, par HENRI SAINT-SIMON. Janvier 1822[1]; brochure *in-8°* de 16 pages imprimée chez Constant Chantpie, rue Sainte-Anne, n° 20, tirée à 1,500 exemplaires. Elle fut saisie.

— SUITE A LA BROCHURE DES BOURBONS ET DES STUARTS, par HENRI SAINT-SIMON. 24 janvier

1. C'est sans doute par suite d'une faute d'impression, qu'Olinde Rodrigues indique ces brochures comme publiées en 1823. (*Le Producteur,* t. IV, p. 111, numéro de juillet 1826.)

1822; brochure *in-8°* de 38 pages imprimée chez Guiraudet, rue Saint-Honoré, n° 315.

En tête de cet écrit se trouve une adresse au Roi; adresse que l'auteur termine en demandant que la saisie dont sa brochure a été frappée soit levée.

En janvier 1822, Saint-Simon commença la *troisième partie* du SYSTÈME INDUSTRIEL, comme nous allons le voir dans un instant.

— DU CONTRAT SOCIAL, par HENRI SAINT-SIMON; SUITE DES TRAVAUX AYANT POUR OBJET DE FONDER LE SYSTÈME INDUSTRIEL. Avril 1822; 191 pages *in-8°* imprimées chez Laurens aîné, rue du Pot-de-Fer, n° 14.

En tête se trouve une préface de SAINT-SIMON adressée *à messieurs les chefs des travaux de culture, de fabrication et de commerce*. Vient ensuite le *Prospectus des travaux nécessaires pour réorganiser la société*, par Auguste Comte. Ce *Prospectus*, dont la pagination suit celle de la *Préface*, fut réimprimé plus tard sous le titre de SYSTÈME DE POLITIQUE POSITIVE, *première partie*, comme on va le voir (p. 8). Cet ouvrage, sous le titre de *Contrat social*, ne fut distribué qu'à une cinquantaine d'exemplaires, sur lesquels on avait écrit, à la main, le mot *épreuve*.

— SYSTÈME INDUSTRIEL. TROISIÈME PARTIE, formant 45 pages. Cette troisième partie se compose de *trois brochures* dont la pagination ne se suit pas, et qui portent les titres suivants :

— *Première. Travaux philosophiques, scientifiques et poétiques ayant pour objet de faciliter la réorganisation européenne,* par HENRI SAINT-SIMON. Janvier 1822; écrit de 20 pages *in-8°*, de l'imprimerie de Mme veuve Porthmann, rue Sainte-Anne, n° 43.

— *Seconde. Deux lettres à Messieurs les électeurs du département de la Seine qui sont producteurs,* par HENRI SAINT-SIMON. Juin 1822; brochure *in-8°* de 12 pages imprimée chez Moreau, rue Coquillière, n° 27.

— *Troisième. Sur les intérêts politiques des producteurs,* par HENRI SAINT-SIMON. 1822; brochure *in-8°* de 13 pages, publiée peu après la précédente et imprimée aussi chez Moreau.

L'exemplaire que nous avons sous les yeux n'est pas paginé.

1823.

C'est le dimanche 9 mars 1823 que SAINT-SIMON attenta à ses jours, dans la maison qu'il occupait encore alors rue de Richelieu, n° 34. Nous consignons ici la date de cet événement si grave, parce qu'il imprime pour ainsi dire un cachet particulier aux ouvrages sortis de la plume de notre maître entre cet acte de découragement et sa mort.

Deux mois après, en mai 1823, Olinde Rodrigues connut Saint-Simon.

— Catéchisme des industriels. *Premier cahier*. Décembre 1823; 66 pages *in-8°*, de l'imprimerie de Sétier, cour des Fontaines, n° 7.

Annoncé dans la *Revue encyclopédique*, n° de janvier 1824, t. XXI, p. 186 et 187.

1824.

— Catéchisme des industriels. *Deuxième cahier*. Mars 1824.

Ce cahier fait suite au précédent dont il continue la pagination jusqu'à la page 186.

— Catéchisme des industriels. *Troisième cahier*. Avril 1824. Ce travail est signé Auguste Comte, élève de Henri Saint-Simon. Il forme un petit volume *in-8°* de 189 pages imprimé chez Sétier, et a paru sous le titre de système de politique positive. *Première partie*.

Cette *première partie* est une réimpression du *Prospectus* répandu en avril 1822 (voyez p. 6 ci-dessus), mais avec addition d'une dizaine de pages. La Préface que SAINT-SIMON avait mise en tête du *Contrat social* ne s'y trouve plus, mais, dans un Avertissement de deux pages, SAINT-SIMON prévient les lecteurs que son élève n'a traité que la partie *scientifique* de son système, et qu'il n'en a point exposé la partie *sentimentale et religieuse.*

Vient ensuite un *Avertissement* d'Auguste Comte, dont nous extrayons le passage suivant :

» Ayant médité depuis longtemps les idées mères de
» M. SAINT-SIMON, je me suis *exclusivement* attaché à systé-
» matiser, à développer et à perfectionner *la partie des*
» *aperçus de ce philosophe qui se rapporte à la direction*
» *scientifique*. Ce travail a eu pour résultat la formation du
» SYSTÈME DE POLITIQUE POSITIVE, que je commence aujour-
» d'hui à soumettre au jugement des penseurs. »
» J'AI CRU DEVOIR RENDRE PUBLIQUE LA DÉCLARATION PRÉCÉ-
» DENTE AFIN QUE SI MES TRAVAUX PARAISSENT MÉRITER QUEL-
» QUE APPROBATION, ELLE REMONTE AU FONDATEUR DE L'ÉCOLE
» PHILOSOPHIQUE DONT JE M'HONORE DE FAIRE PARTIE [1]. »

A dater de cette publication, Auguste Comte a cessé de participer aux travaux de SAINT-SIMON.

La *Revue encyclopédique,* dans son numéro d'avril 1824 (t. XXII, p. 183 à 185), consacre un article aux trois premiers cahiers de cette publication.

— CATÉCHISME DES INDUSTRIELS. *Quatrième cahier*. Juin 1824. Ce cahier continue la pagination du précédent jusqu'à la page 236.

1. Nous avons le regret de dire que, dans un grand nombre d'exemplaires, le titre, les deux pages de SAINT-SIMON et l'Avertissement ont disparu. (*Note des éditeurs*)

L'ouvrage est resté inachevé. Les quatre cahiers forment un volume de 422 pages. Dans les *Œuvres choisies* de SAINT-SIMON on a imprimé les cahiers I, II, IV; voyez l'*Avertissement* placé à la page 66 du tome III de cette édition donnée par M. Lemonnier.

1825

— OPINIONS LITTÉRAIRES, PHILOSOPHIQUES ET INDUSTRIELLES, Paris, 1825; un volume *in-8°* portant pour épigraphe cette phrase de l'introduction : « *L'âge d'or qu'une aveugle » tradition a placé jusqu'ici dans le passé » est devant nous*[1]. » Il se compose de 392 pages imprimées chez Lachevardière fils, successeur de Cellot, rue du Colombier, n° 30, et se vendait chez Bossange père, rue Richelieu, n° 60.

1. L'*Introduction*, comme nous le verrons dans un instant, est de Léon Halévy. Dès 1814, SAINT-SIMON avait formulé la même pensée dans les mêmes termes : « *L'âge d'or du genre » humain*, dit-il, *n'est point derrière nous, il est devant*, il » est dans la perfection de l'ordre social; nos pères ne l'ont » point vu, nos enfants y arriveront un jour : c'est à nous » de leur en frayer la route. » (*De la réorganisation de la société européenne*, p. 112 de l'édition originale, octobre 1814; p. 247 et 248 du t. Ier de la présente édition des œuvres de SAINT-SIMON.)

Voici les titres des articles qui composent ce volume et les noms de leurs auteurs :

Introduction.	23 pages.	Léon Halévy.
Opinions philosophiques	64 —	Saint-Simon.
Fragments historiques.	74 —	Saint-Simon.
Industrie. — Banquiers.	38 —	Olinde Rodrigues.
Législation	27 —	J.-B. Duvergier.
Physiologie.	49 —	Dr E.-M. Bailly.
Mélanges.	56 —	Léon Halévy.
Conclusion	61 —	Ol. Rodrigues et Léon Halévy.
	392 pages.	

Le volume des *Opinions* fut annoncé et analysé dans le numéro de décembre 1824 (paru au commencement de 1825) de la *Revue encyclopédique*, t. XXIV, p. 760 à 762.

Les deux articles signés par Saint-Simon, sont intitulés, le premier : *Quelques opinions à l'usage du dix-neuvième siècle*; le second : *De l'organisation sociale, fragments d'un ouvrage inédit*. Ils ont été reproduits dans le tome III des *Œuvres choisies* publiées par M. Lemonnier en 1859.

En mars 1825, Saint-Simon composa son dernier écrit. C'est à cette époque qu'Enfantin assista, chez Saint-Simon, à une lecture qu'Olinde Rodrigues fit du *Nouveau christianisme* qui allait être livré à l'impression et qui parut en avril.

— Nouveau christianisme, avec cette épigraphe : « *Celui qui aime les autres a accompli la » loi... Tout est compris en abrégé dans » cette parole : Tu aimeras ton prochain » comme toi-même* (saint Paul, *Épître aux Romains*). » Paris, 1825 ; *in-8°* de 91 pages ; imprimerie de Lachevardière fils, se vendait chez Bossange, chez A. Sautelet, en face de la Bourse, et chez Johanneau, rue du Coq-Saint-Honoré, n° 8 *bis.*

En tête se trouve un avant-propos de huit pages rédigé par Olinde Rodrigues. Léon Halévy rendit compte de l'ouvrage dans le numéro de mai 1825 de la *Revue encyclopédique* (t. XXVI, p. 510 à 514), et *le Globe* du 21 mai 1825 (t. II, p. 560, col. 1) donna un court article sur le *Nouveau christianisme.*

Une seconde édition en a été donnée en janvier 1832 avec une préface de trois pages signée Enfantin. — En mars 1832, Olinde Rodrigues a réimprimé le *Nouveau christianisme* dans la première livraison des *Œuvres de* Saint-Simon dont il n'a paru que deux livraisons. — Le même ouvrage termine le troisième volume des *Œuvres choisies de* Saint-Simon publiées par M. Lemonnier en 1859. — L'édition que nous donnons ici est donc la cinquième.

Saint-Simon est mort le 19 mai 1825, à dix heures du soir, rue du Faubourg-Montmartre, n° 9, âgé de soixante-quatre ans, sept mois et deux jours. Ses disciples conduisirent son corps au Père-Lachaise, où deux discours furent prononcés sur sa tombe, l'un par le docteur Bailly, l'autre par Léon Halévy. Le premier a été imprimé et publié à Blois, ville natale du docteur Bailly ; le second n'a point été imprimé, mais *le Globe* du 4 juin 1825 (t. II, p. 595 et 596) donna un article nécrologique dans lequel on lit : « Rappelons que les derniers » moments de cet homme singulier ont été doux et paisibles, » que sa religion du bonheur et de la fraternité humaine a » été pour lui ce qu'est pour les croyants de l'Église catho- » lique la consolation et la voix du prêtre. Il a conversé, » discouru avec ses élèves, parlé sans cesse avec exaltation » de ses travaux et de leur avenir, et pour me servir de » l'expression de M. Halévy, qui lui a rendu un si touchant » hommage, *il s'est endormi dans le rêve du bonheur public.* »

Pour la nécrologie de Saint-Simon, voyez : la *Revue encyclopédique,* numéro d'avril 1826, tome XXX, page 281 ; le me VI de l'*Annuaire nécrologique* de M. Mahul ; le tome III la *Biographie* publiée par le général Beauvais, Paris, 329 ; voyez surtout la *Biographie des contemporains* en un olume, ouvrage dans lequel l'article SAINT-SIMON a été rédigé ır Bazard (p. 1233 de la XXVIme livraison parue en 1829). ous devons dire que, même dans ce dernier article, la partie bliographique est non-seulement incomplète, mais inexacte quelques points.

En réunissant les Notices placées en tête des sept volumes la présente édition des œuvres de SAINT-SIMON, on a, oyons-nous, sa biobliographie aussi complète que possie; nous n'avons, du moins, rien négligé pour qu'il en fût nsi.

DU

SYSTÈME INDUSTRIEL

(SUTIE ET FIN DE LA SECONDE PARTIE

Dieu a dit : « Aimez-vous et secourez-vous
« les uns les autres. »

Tome III

1821

DU

SYSTÈME INDUSTRIEL

(SUITE ET FIN DE LA SECONDE PARTIE)

A MESSIEURS LES DÉPUTÉS

QUI SONT INDUSTRIELS

PREMIÈRE LETTRE.

Messieurs,

Je crois que vous pouvez faire tourner à votre profit, c'est-à-dire à l'avantage de la classe industrielle, la conduite actuelle des ministres. Je me bornerai pour ce moment à vous présenter un aperçu de mon opinion à ce sujet, je développerai plus tard mes idées, relativement à cette question, dans mon travail général sur le système industriel.

Je commencerai par vous dire quelques mots des antécédents, cette espèce d'introduction est nécessaire pour éclaircir la question.

Messieurs,

Sous l'ancien régime, la société, ou si vous l'aimez mieux, la Nation se trouvait divisée en trois grandes classes.

La première de ces classes se composait du clergé et de la noblesse.

La seconde renfermait les propriétaires oisifs qui n'étaient pas nobles, ainsi que les militaires d'origine roturière; elle renfermait aussi tous les citoyens qui étaient attachés à l'ordre judiciaire, et tous ceux qui exerçaient d'autres professions réputées honorables.

La troisième classe contenait tous ceux qui exerçaient des professions dégradantes, telles que celles de manufacturiers, de négociants, de banquiers, etc., en un mot toute l'industrie, ceux qui dirigeaient les travaux productifs, et ceux qui les exécutaient.

Messieurs,

C'est la classe intermédiaire qui a provoqué la révolution, et c'est elle qui l'a dirigée jusqu'à l'instant où le Roi est remonté sur le trône. Ce fait est trop bien constaté, il est trop généralement connu pour qu'il soit nécessaire de l'appuyer d'aucune preuve.

La classe intermédiaire s'est montrée très-populaire tant qu'elle a eu besoin de l'appui des industriels pour secouer le joug du clergé et de la noblesse, mais dès le moment qu'elle est parvenue à dominer la féodalité européenne au moyen du puissant appui que vous et vos ouvriers lui avez prêté, on l'a vue travailler avec ardeur à recréer pour elle les titres de noblesse qu'elle avait fait supprimer; elle a mis un bourgeois sur le trône, elle a réorganisé une Cour composée de nouveaux seigneurs, ayant toute l'insolence qui forme le caractère distinctif des parvenus, elle a rétabli pour son profit les places inutiles qui avaient été anéanties; enfin, elle a fait revivre tous les anciens abus, et elle les a exploités pour son propre compte.

Voyons maintenant ce qui s'est passé depuis la rentrée du Roi.

D'une part l'ancienne noblesse et l'ancien clergé se sont représentés avec leurs anciennes prétentions, d'un autre côté la classe intermédiaire a fait valoir près de Sa Majesté, comme des droits, les priviléges qu'elle s'était attribués pendant le cours de la révolution. Or, le Roi ayant accueilli les prétentions de la seconde classe, ainsi que celles de la première, il en est résulté que, depuis la publication de la Charte, il se trouve cette différence entre la position des industriels et celle dans laquelle ils étaient avant la révolution, c'est qu'avant 1789 la classe intermédiaire était un soutien pour la classe industrielle contre le clergé et contre la noblesse, et qu'il existe aujourd'hui deux clergés et deux noblesses qui pèsent en même temps sur elle.

Messieurs,

L'année d'après la rentrée du Roi, en 1815, votre Chambre s'est trouvée dominée par l'ancienne noblesse; les meneurs de cette Chambre ont tenté d'établir en leur faveur le gouvernement oligarchique; d'une part ils ont essayé de soumettre le pouvoir royal à leur tutelle, et d'un autre côté ils ont traduit la nation à leur propre tribunal; leur intention était de considérer comme un crime les efforts qu'elle avait faits pour établir un gouvernement qui lui coûtât meilleur marché que l'ancien; leur intention était de la condamner à de grosses indemnités à leur profit.

Le Roi, qui ne voulait pas être mis en tutelle, a dissout ce parlement et il a rendu une Ordonnance qui appelait aux élections les patentés payant trois cents francs d'impositions.

Sa Majesté s'imaginait que la troisième classe sentirait l'intérêt qu'elle avait à se liguer avec le pouvoir royal contre les prétentions des deux premières classes à la domination et contre leur avidité; elle espérait que la troisième classe lui fournirait les moyens de réparer la faute qu'elle avait commise en reconnaissant les deux noblesses et en constituant de cette manière la prépondérance des classes oisives sur la classe travailleuse; en un mot, le Roi était convaincu que les patentés ne donneraient leurs voix qu'à des hommes franchement industriels.

L'expérience a prouvé à Sa Majesté qu'elle

avait conçu une opinion trop avantageuse de la capacité philosophique acquise par les industriels, en se figurant que dès ce premier appel ils sentiraient l'avantage pour eux de secouer le joug qui leur avait été imposé par les bourgeois pendant le cours de la révolution et à se liguer avec le pouvoir royal contre les deux premières classes, car la majeure partie des voix des patentés a été donnée à des membres de la seconde classe, particulièrement à ceux qui avaient trahi les industriels de la manière la plus scandaleuse, en servant l'ambition de Bonaparte.

MESSIEURS,

Il nous reste, sans sortir des idées préliminaires, à considérer ce qui s'est passé depuis la loi d'élection, favorable aux travailleurs, jusqu'à la promulgation de celle qui a constitué la prépondérance des oisifs.

Le fait que je vais vous exposer blessera votre amour-propre, mais ce fait est exact, il vous est important de le connaître; ainsi je dois vous le présenter et vous engager à en faire l'objet de vos méditations. Le caractère de ma mission est de dire la vérité tout entière; je ne consentirai pas plus à devenir le flatteur des industriels qu'à jouer ce rôle déloyal à l'égard des princes, des nobles ou des bourgeois.

La vérité est que depuis la rentrée du Roi vous n'avez eu qu'une existence très-subalterne dans le parti libéral; la vérité est que vous n'avez été que les confidents ou plutôt que les instruments des nouveaux nobles; en un mot, la vérité est que le parti libéral a été dirigé par les bonapartistes [1].

Oui, Messieurs, le parti libéral a été dominé par les bonapartistes au dedans et au dehors de votre Chambre, depuis la promulgation de la loi qui a appelé les patentés aux élections jusqu'à la publication de celle qui a constitué la prépondérance des oisifs, et les meneurs de ce parti ont constamment eu pour but d'expulser les Bour-

1. J'entends par bonapartistes tous ceux qui ont facilité à Bonaparte les moyens de monter sur le trône; tous ceux qui ont composé sa cour; tous ceux qui ont servi ses projets ambitieux; tous ceux qui ont approuvé la direction fausse et rétrograde que ce général a donnée à la Révolution française, en inspirant à la nation l'esprit militaire et la passion des conquêtes, en la rendant oppressive à l'égard des autres peuples avec lesquels elle s'était engagée solennellement à faire cause commune.

bons, et de placer sur le trône le fils du bourgeois Bonaparte, dans l'espérance d'occuper des places importantes à sa Cour, et d'exploiter de nouveau l'ancien régime à leur profit. Au surplus, ce fait très-remarquable n'a point étonné l'homme possédant une véritable capacité politique, il n'a vu dans le bonapartisme que l'esprit de la seconde classe précisé, et il n'a point trouvé extraordinaire que la troisième classe se soit laissé mystifier deux fois de suite par la seconde, puisqu'elle n'avait été mise en garde par les philosophes du dix-huitième siècle que contre l'injuste domination de la première.

Cependant, Messieurs, je ne peux pas vous dissimuler que, dans cette occasion, les industriels ont commis une faute politique énorme, car ce sont eux qui ont fourni au ministère actuel les moyens d'établir le régime arbitraire qu'il a constitué, en ne soutenant point la famille royale contre les machinations de la seconde classe.

Je ne m'exprimerais pas avec tant de franchise sur la faute qui a été commise par les industriels en général, et plus particulièrement encore par vous, Messieurs, si je n'avais pas découvert le moyen de remédier au mal que vous vous êtes fait, mais je vous déclare positivement que vous pouvez être tranquilles, je connais à fond la maladie politique que vous vous êtes donnée, je connais le remède et je me sens en état de vous traiter et de vous guérir.

J'ai encore une autre déclaration à vous faire, c'est que je ne regarde point les bonapartistes comme des hommes dont l'esprit soit attaqué d'une maladie incurable. Ce sont en général des hommes dont le moral est vigoureux, et qui sont, par leur constitution, susceptibles de se porter avec plus d'ardeur vers un but louable que vers le but blâmable qu'ils avaient adopté sans avoir suffisamment réfléchi quel serait le résultat final de leurs efforts pour la classe des producteurs.

Messieurs,

Ici se termine mon Introduction. Dans une seconde lettre, que je prendrai la liberté de vous adresser incessamment, j'examinerai les trois questions suivantes :

1° Quelle conduite le ministère actuel aurait-il dû tenir?

2° Quel système politique le ministère a-t-il adopté?

3° Quelle marche devez-vous suivre pour faire tourner au profit des industriels les combinaisons du ministère?

Je n'ai pas cru devoir traiter ces questions dans la présente Lettre, j'aurais craint qu'il en résultât une trop grande cumulation d'idées.

MESSIEURS,

Je vous prie de remarquer que les observations que je viens de vous présenter sont neuves qu'elles sont très-importantes, qu'elles tenden directement à renverser l'opinion le plus généralement admise, *que le plus grand bonheur de la société serait d'être dirigée par la seconde classe, qu'on a nommée la classe intermédiaire;* qu'elles méritent par conséquent d'être examinées par vous séparément et préliminairement.

Il est d'autant plus essentiel, Messieurs, que vous jugiez préalablement ces observations, que ce sont elles qui serviront de base aux raisonnements que je vous soumettrai dans les Lettres uivantes, lesquelles seront au nombre de quare, avant la fin de la présente session.

J'ai l'honneur d'être,

Messieurs,

Votre très-humble, etc.

HENRY SAINT-SIMON.

Rue de Richelieu, 34.

POST-SCRIPTUM.

Je me suis exprimé dans cette lettre avec toute ranchise sur l'esprit des différentes classes, nais je n'ai parlé d'aucune opinion individuelle; insi cet écrit n'est offensant pour personne; 'ajouterai à cette observation, que c'est jusqu'à e jour des premières classes de la société que ont sortis ceux qui ont servi avec le plus de zèle es intérêts généraux des travailleurs.

MM. Comte et Dunoyer appartiennent à la econde classe, puisqu'ils sont avocats; et ceendant ils se sont sacrifiés pour mettre en évience l'incapacité des deux premières classes pour faire le budget et pour diriger les affaire publiques.

Le hasard de la naissance m'avait placé dan la première classe, et on ne peut cependant pa me reprocher le manque de vigueur dans le plai doyer que j'ai entrepris pour faire valoir les droit des producteurs.

Les ministres sont fortement stimulés, par l nature de leurs occupations, à désirer l'arbi traire; cependant Turgot et Malesherbes ont ét de vrais modèles sous le rapport du libéra lisme.

Enfin, Henri IV, quoique placé sur un trôn qu'il avait conquis, est peut-être le Français qu a été le plus véritablement populaire, tandi qu'il existe aujourd'hui quantité d'industriels qu se sont affublés des sobriquets de comte ou d baron.

Messieurs,

Un mot remarquable est sorti de la bouche du Roi, lorsqu'il est rentré en France, le voici :

Peu de lumières mènent à l'erreur, plus de lumières conduisent à la vérité.

Ce mot heureux, qui ne pouvait sortir que de la bouche d'un véritable philanthrope, peut être appliqué de la manière suivante aux circonstances actuelles.

En politique, peu de lumières (c'est-à-dire des observations purement critiques) nous ont menés à une révolution, plus de lumières (c'est-à-dire des conceptions organiques) conduiront la Nation au retour complet de la tranquillité par l'établissement d'une Constitution proportionnée à l'état de la civilisation.

Oui, Messieurs, c'est par la raison que la Nation s'est mise politiquement en action sur un simple aperçu, qu'elle a ôté le pouvoir au clergé et à la noblesse pour le confier aux avocats et aux militaires roturiers, c'est par la raison que la Nation s'est mise en action sur une opinion purement critique, qu'il est arrivé de grands malheurs aux Français de toutes les classes. Cette faute a livré les pauvres à la famine et les riches à la guillotine.

La Nation finira nécessairement par se former une opinion politique complète, c'est-à-dire, après bien des expériences malheureuses, et en résultat de ces mêmes expériences, elle concevra le moyen de se réorganiser d'une manière conforme à l'état présent de la civilisation, alors elle placera les producteurs en première ligne, alors elle investira les chefs des travaux industriels du pouvoir de faire le budget, alors tout rentrera dans l'ordre ; et l'ordre des choses qui s'établira sera infiniment préférable à celui qui existait avant la révolution. Les hommes seront aussi heureux que leur nature puisse le comporter, et la science politique aura réalisé ce que, jusqu'à ce jour, on n'avait considéré que comme une utopie.

Je terminerai, Messieurs, en vous rappelant un mot de Franklin qui est généralement connu, et que j'ai eu la satisfaction de lui entendre dire personnellement :

Les querelles politiques (ou autres) ne sont que des malentendus, les méchancetés ne sont que des actes d'ignorance.

C'est par l'effet de notre ignorance politique que nous sommes en lutte les uns avec les autres, au lieu de combiner nos forces pour agir sur la nature, de manière à en obtenir plus abondamment les moyens de satisfaire nos besoins.

Peu de lumières en politique font naître l'irrition, l'égoïsme et la violence; plus de lumières ront éclore des vues conciliatrices, le senti-ent des avantages qui résultent pour chacun de vre en société, et le véritable amour du pro-iain.

A MESSIEURS LES DÉPUTÉS

QUI SONT INDUSTRIELS

SECONDE LETTRE

MESSIEURS,

Je me suis engagé dans ma Lettre précéden
à vous dire mon opinion sur les trois questio
suivantes :

*1° Quelle conduite le ministère actu
aurait-il dû tenir?*

*2° Quel système de politique le ministè
a-t-il adopté?*

*3° Quelle marche devez-vous suivre po
faire tourner les combinaisons ministériell
au profit des industriels?*

Je remplirai plus tard la totalité de cet engagement; mais je me bornerai pour aujourd'hui à vous parler de la première de ces trois questions. Ce que j'ai à vous dire à ce sujet mérite de fixer pour le moment votre attention tout entière. Vous y trouverez la clef de tout ce que j'ai à vous dire et de tout ce qu'il faut faire. Ce sont les mêmes idées que je vous présenterai dans les Lettres suivantes, il n'y aura d'autre différence que le point de vue auquel je vous placerai pour les examiner.

MESSIEURS,

Je crois que M. de Richelieu, à l'époque où il a accepté la présidence du ministère actuel, aurait dû commencer ses travaux administratifs en faisant à Sa Majesté le Rapport suivant sur la situation politique de la France, et sur l'usage qui devait être fait du pouvoir royal en pareilles circonstances.

Il m'a paru que cette manière de vous présenter mon opinion *sur la conduite que le ministère actuel aurait dû tenir,* la rendrait plus saillante, plus nette et plus facile à juger.

Je crois donc, Messieurs, que M. de Richelieu aurait dû faire à Sa Majesté le Rapport suivant :

« Sire,

» Depuis la rentrée en France de Votre
» Majesté, l'ancienne noblesse a manifesté clai-
» rement ses intentions, elle a proclamé le but
» politique qu'elle se proposait d'atteindre, elle
» a tenté d'établir à son profit le gouvernement
» oligarchique. Cette classe de vos sujets est
» vraiment incorrigible ; car mon aïeul, le car-
» dinal de Richelieu, l'a fait décimer, et il a exilé
» ensuite ses membres les plus importants dans
» leurs châteaux, pour faire cesser les entraves
» qu'ils mettaient à l'action du gouvernement et
» à l'amélioration du sort des peuples ;

» Car la Nation a expulsé ces fainéants or-
» gueilleux de son territoire, lorsqu'elle a voulu
» mettre de l'économie dans ses dépenses et
» accroître l'activité de ses productions.

» Et, après ces deux terribles punitions, cette
» même noblesse se présente à Votre Majesté et
» à son peuple encore animée du même esprit ;
» elle reproduit les mêmes prétentions ; elle

» aspire à dominer le trône; elle veut soumettre » la société tout entière à un régime arbitraire » dont elle se réserve la suprême direction.

» SIRE,

» Les institutions, de même que les individus, » ont leur jeunesse, leur âge mûr et leur vieil- » lesse; de même que les individus, elles sont » destinées à s'anéantir et à être remplacées » par de nouvelles qui ont pris naissance et qui » ont acquis de la force sous la protection tuté- » laire de celles qui les ont précédées. L'an- » cienne noblesse est une institution surannée, » elle ne rend plus de services à la société, elle » lui est à charge, ainsi elle doit être anéantie, » et quels que soient les efforts que Votre Ma- » jesté ou même que la Nation voulut faire pour » soutenir cette institution usée, son existence » ne pourrait être prolongée que de quelques » instants, le progrès des lumières et la ten- » dance de la population à se débarrasser de ce » qui lui est nuisible, termineront nécessaire- » ment, avant peu de temps, sa languissante » existence. Je vais entrer à ce sujet dans quel- » ques détails.

» Jusqu'à la découverte de la poudre à canon,
» l'ancienne noblesse a dû exercer de grands
» pouvoirs politiques, parce qu'elle rendait de
» grands services à la société; elle devait se
» trouver à la tête de la Nation, parce qu'elle
» était la classe conservatrice de l'existence
» nationale. La noblesse était alors la classe
» la plus laborieuse qu'il y eut en France; une
» éducation spéciale, commencée dès l'enfance,
» était nécessaire pour former un homme d'ar-
» mes, et tout homme d'armes devait se tenir
» continuellement en haleine; il devait, pour
» mériter d'être classé honorablement parmi les
» chevaliers, rompre journellement des lances
» contre des murs, s'il n'avait personne à
» combattre. Mais depuis la découverte de la
» poudre à canon, les droits politiques de la
» noblesse ont successivement disparu par
» l'effet de la cessation de son utilité; ils ont
» été anéantis par la découverte de la poudre à
» canon, attendu que les *vilains* se sont trouvés,
» par l'effet de cette découverte, aussi capables
» que les nobles de défendre le territoire natio-
» nal. Cette vérité a été sentie par le chevalier
» Bayard, qui, par cette raison, avait pris en

» Enfin, aujourd'hui, la plus grande de toutes » les expériences militaires qui ait jamais été » faite a prouvé qu'une éducation spéciale » n'était plus nécessaire pour acquérir la capa- » cité des armes; elle a prouvé que trois mois » d'exercice suffisaient pour rendre excellent » soldat tout homme habitué à la fatigue, et » qu'en trois campagnes, un bon soldat pou- » vait devenir un général très-distingué.

» Sire,

» Je conclurai cette première partie de mon » Rapport, en déclarant à Votre Majesté que je » suis entièrement convaincu que son intérêt » exige qu'elle supprime l'ancienne noblesse.

» Sire,

» Ainsi que je viens de le dire à Votre Majesté, » l'ancienne noblesse ne possède plus, exclusi- » vement aux autres classes de citoyens, la » capacité de défendre le territoire; ainsi, elle » ne peut pas fonder ses prétentions à être » classe privilégiée sur sa capacité militaire » exclusive.

» Pendant le cours de la Révolution, la Nation
» française a été attaquée en même temps par
» toutes les troupes soldées qui existaient en
» Europe ; elle a dû faire des efforts prodigieux
» pour résister à cette attaque ; et, en effet, tous
» les citoyens ont pris les armes, elle a mis sur
» pied quatorze armées, elle a inventé une nou-
» velle tactique et un nouveau genre de capacité
» militaire a été acquis par ceux qui ont défendu
» le territoire.

» L'ancienne noblesse, à très-peu d'exceptions
» près, n'a point pris les armes contre les étran-
» gers, et par conséquent elle n'a point participé
» aux derniers progrès de l'art militaire ; elle est
» encore guidée dans ce genre de travaux par
» l'ancienne routine ; ainsi elle est devenue infé-
» rieure, sous le rapport de la capacité militaire,
» à ceux qui ont fait les dernières guerres. Sa
» prétention à jouer le premier rôle dans la
» société, en qualité de caste militaire, est donc
» devenue absurde.

» Sire,

» J'ajouterai à ce que je viens de dire que les
» progrès des lumières ont changé les rapports

» politiques qui existaient entre les nations. Les » rivalités entre elles ne sont plus essentiellement militaires; elles sont principalement industrielles; leur amour-propre ne consiste plus à posséder l'armée la plus belle et la plus nombreuse; leurs désirs sont devenus beaucoup plus raisonnables et beaucoup plus pacifiques; elles luttent à qui produira le plus, à qui manufacturera le mieux, à qui vendra ses produits à meilleur marché; de manière que la classe militaire ne peut plus prétendre qu'à une considération secondaire, et que l'ancienne noblesse ne peut plus prétendre, même dans ce genre, à aucune espèce de considération.

» Après avoir envisagé les prétentions de l'ancienne noblesse sous le rapport militaire, je vais les considérer sous le rapport civil. Autrefois les nobles habitaient leurs châteaux; ils faisaient valoir leurs domaines, et ils avaient, par cette raison, dans l'État, une grande importance industrielle, puisqu'ils étaient adonnés à la culture, qui est la première de toutes les industries.

» Aujourd'hui, presque toute l'ancienne noblesse habite Paris, elle afferme ses terres, et elle alimente son luxe bien plus avec les

» appointements et les gratifications qu'elle ob-
» tient de Votre Majesté qu'avec le produit de
» ses domaines.

» En un mot, ce n'est plus l'ancienne noblesse
» qui dirige ni les travaux militaires, ni les tra-
» vaux pacifiques de la nation; elle n'est plus
» qu'une superfétation politique; ainsi ses pré-
» tentions à occuper le premier rang dans la
» société et à jouir du privilége exclusif de gou-
» verner la Nation, sont aujourd'hui plus qu'ab-
» surdes, puisqu'elles sont devenues tout à fait
» ridicules.

» Sire,

» Les considérations que je viens de vous
» présenter ne sont que matérielles; je vais me
» placer à un point de vue plus élevé pour
» envisager l'opinion de la Nation française sur
» l'ancienne noblesse.

» La Nation française a fait beaucoup de folies
» pendant le cours de sa révolution; elle a, entre
» autres, commis la faute énorme de s'exalter
» pour la gloire militaire et de faire des con-
» quêtes à une époque où la passion de la pro-
» duction est la seule qui puisse procurer une

» satisfaction durable et une prospérité générale
» et solide ; mais attendu qu'elle tient à l'hu-
» maine nature et qu'elle participe à l'humaine
» faiblesse, elle voit de mauvais œil tous ceux
» qui n'ont point été ses compagnons à l'époque
» de ses brillants succès, et elle éprouve une
» véritable aversion pour les émigrés.

» SIRE,

» Voilà l'état positif des choses : mon devoir
» comme président du conseil des ministres
» était d'en mettre le tableau exact sous les yeux
» de Votre Majesté qui adoptera, j'espère, la
» conclusion de cette première partie de mon
» rapport, et qui, en conséquence, supprimera
» l'ancienne noblesse.

» SIRE,

» Je suis entièrement convaincu que votre
» gloire, que la sûreté de votre dynastie et que
» l'intérêt des producteurs exigent que vous
» supprimiez l'ancienne noblesse ; mais je ne me
» dissimule point qu'un grand obstacle s'oppose
» à l'adoption de cette mesure.

» *Quel est l'obstacle qui s'oppose à la suppression de la noblesse?*

» *Quel est le moyen de surmonter cet obstacle?*

» Voilà, Sire, les deux questions dont l'examen terminera cette première partie de mon Rapport.

» Je réponds à la première de ces questions :

» L'obstacle qui s'oppose à la suppression de la noblesse ne vient certainement pas de la Nation, car tous les Français qui ne sont pas nobles sont convaincus que la noblesse est une institution surannée, ils sont convaincus que cette institution ne leur est plus d'aucune utilité, qu'elle leur est, au contraire, très-onéreuse et nuisible sous tous les rapports.

» Si l'obstacle ne vient pas de la Nation, il faut nécessairement qu'il vienne de Votre Majesté, car il n'existe en France que deux grands pouvoirs politiques, savoir, le vôtre et celui de la Nation.

» La vérité est que l'obstacle à la suppression de la noblesse vient de Votre Majesté ; c'est-à-dire qu'il vient de l'éducation qu'elle a reçue, de ses habitudes contractées depuis que son

» éducation est terminée, et de la bonté de son » cœur.

» On vous a inculqué dans votre jeune âge, » comme principe fondamental de la politique, » que la noblesse était le principal soutien du » trône, et qu'en conséquence vous devez vous » considérer comme le premier gentilhomme de » votre royaume.

» Votre Auguste Personne a toujours été » exclusivement entourée par des nobles ; ainsi, » vous n'avez jamais pu voir que par les yeux » des nobles et vous n'avez pu vous lier d'amitié » qu'avec des nobles.

» Et enfin, une grande partie de la noblesse » vous a accompagné en pays étranger, et a » partagé vos malheurs, d'où il est résulté pres- » que nécessairement que vous vous considérez » comme obligé de faire cause commune avec » elle.

» Ce sont les dispositions personnelles de » Votre Majesté sous ces trois rapports qui » constituent l'obstacle énorme qui s'oppose à la » suppression de la noblesse.

» Je vais examiner les moyens de surmonter » cet obstacle.

» Sire,

» C'est dans la bonté de votre cœur que je
» trouve le mal et le remède, c'est dans la bonté
» de votre cœur que je trouve l'obstacle qui s'op-
» pose à la suppression de la noblesse, c'est
» aussi dans la bonté de votre cœur que se
» trouve le moyen de surmonter cet obstacle.

» Sire,

» Il n'y a qu'une manière de bien aimer les
» gens, c'est de les aimer pour eux-mêmes et
» dans leur intérêt, c'est de travailler à leur faire
» du bien, c'est de s'occuper de l'amélioration
» de leur sort. Telle est la manière dont les
» hommes généreux aiment leurs amis, telle est
» à coup sûr la manière dont Votre Majesté
» aime les nobles auxquels elle a accordé sa
» royale affection.

» La question se réduit donc à savoir (sous
» ce rapport, qui est le plus positif) quel est le
» service le plus grand que Votre Majesté puisse
» rendre à l'ancienne noblesse?

» Or, la noblesse est en lutte avec la Nation;

» cette lutte se terminera nécessairement par
» l'anéantissement de l'institution de la noblesse,
» car les producteurs sont aujourd'hui les plus
» forts, et leurs forces augmentent tous les jours,
» tandis que celles de la noblesse diminuent con-
» tinuellement.

» L'anéantissement de l'institution de la no-
» blesse aura donc nécessairement lieu un peu
» plus tôt ou un peu plus tard ; mais ce chan-
» gement dans l'organisation sociale peut s'opé-
» rer de deux manières très-différentes. La
» suppression peut avoir lieu forcément ou
» volontairement de la part des nobles, avec
» leur consentement, ou contre leur gré. Dans le
» premier cas, les nobles n'ont aucune indem-
» nité à espérer ; dans le second, ils peuvent
» obtenir un dédommagement.

» Oui, Sire, les nobles peuvent obtenir une
» somme, et même une somme importante des
» producteurs, en échange de leur renonciation
» volontaire et complète au droit de former une
» première classe dans la Nation, au droit d'ad-
» ministrer les intérêts généraux de la société,
» au droit de donner la direction à l'activité na-
» tionale.

» Si Votre Majesté veut faire prendre à la

» noblesse ce parti, le seul qui puisse lui faire » tirer encore quelques avantages des services » que ses ancêtres ont rendus à la Nation, je me » charge de cette négociation vis-à-vis des pro- » ducteurs, et je puis vous en garantir d'avance » le succès.

» Voici la manière dont je m'y prendrai.

» J'assemblerai toutes les chambres de com- » merce de France, et je leur tiendrai ce lan- » gage :

» Messieurs,

» Il n'y a de bonnes transactions que celles » qui sont faites à l'amiable, il n'y a de contrats » vraiment obligatoires, de contrats solides, que » ceux qui sont synallagmatiques; la seule bonne » manière de terminer une querelle quelconque » est de déterminer toutes les parties intéressées » à faire des sacrifices.

» La plus belle, la plus utile, et la plus solide » en même temps que la plus importante des » opérations politiques qui aient jamais été » faite, a été le rachat des communes : c'est en » se rachetant que les communes se sont affran-

» chies. Nous sommes dans des circonstances » pareilles à certains égards ; il faut procéder » de la même manière, ou plutôt c'est le rachat » des communes qu'il faut terminer.

» Le premier rachat a soustrait les industriels » à l'action personnelle et arbitraire que les no- » bles exerçaient sur eux. Mais il est resté aux » nobles un pouvoir collectif qu'ils exercent sur » la masse des producteurs, c'est, dans la réa- » lité, eux qui votent l'impôt, c'est, dans la réa- » lité, eux qui en dirigent l'emploi. C'est ce » pouvoir énorme qui leur reste encore que je » vous conseille de racheter.

» Jusqu'à présent l'insurrection contre l'an- » cien régime a été mal dirigée, car elle n'a été » dirigée ni dans votre intérêt, ni dans celui de » la royauté. Les meneurs de cette insurrec- » tion ont été des avocats ou des militaires, je » ferais mieux de dire des avocats et des mili- » taires. Or, la tendance des avocats est de plai- » der, celle des militaires est d'user de moyens » violents pour atteindre leur but, et ni l'une ni » l'autre de ces deux manières de procéder ne » sont propres à établir une bonne organisation » sociale. Depuis longtemps vous auriez dû vous » mettre en avant et manifester une opinion

» politique qui vous fût personnelle. La tendance de l'industrie est d'agir toujours par » voie de conciliation, et cette tendance est la » seule propre à terminer la révolution.

» Une autre grande faute a été commise, c'est » qu'on n'a point considéré les choses d'une » assez grande hauteur.

» Si l'on s'était placé à un point de vue suffisamment élevé pour embrasser d'un seul coup » d'œil toute la marche de la civilisation, on » aurait reconnu que, dans l'état d'ignorance où » se trouvaient nos pères, les querelles intérieures et extérieures devaient être très-fréquentes; que, par conséquent, les hommes » exercés à se battre devaient jouer le premier » rôle, et qu'ils devaient être investis du pouvoir; on aurait également reconnu que l'industrie (essentiellement ennemie des querelles) » ayant acquis une grande importance, le goût » des querelles avait diminué, que l'utilité des » hommes exercés à se battre n'était plus aussi » grande, qu'il en résultait que le pouvoir devait » être confié aux producteurs, et que nécessairement l'usage que les producteurs feraient du » pouvoir anéantirait complétement la tendance » que les hommes avaient eu à employer les

» moyens violents, ou, au moins, qu'il en résul-
» terait nécessairement que les querelles devien-
» draient extrêmement rares, de manière que les
» militaires ne pourraient jamais être que d'une
» utilité secondaire.

» En un mot, Messieurs, le but de la révolu-
» tion aurait dû être, il doit être de faire passer
» le pouvoir des mains des sabreurs dans celles
» des producteurs, des mains des parleurs dans
» celles des administrateurs.

» Or, Messieurs, c'est vous qui êtes les pro-
» ducteurs, c'est vous qui possédez la capacité
» en administration ; l'affaire de la révolution
» vous est donc absolument personnelle, et il
» est impossible qu'elle se termine sans que
» vous vous en mêliez, sans que vous vous met-
» tiez personnellement en avant pour l'achever.

» Messieurs,

» *Je vous engage à présenter une Adresse*
» *au Roi et à déclarer, dans cette Adresse, à*
» *Sa Majesté :*

» *1° Que vous n'avez point approuvé l'in-*
» *surrection qui a eu lieu en 1789; que vous*

» *avez également improuvé la conduite qui a*
» *été tenue par ceux qui ont dirigé la force*
» *populaire pendant tout le cours de la révo-*
» *lution, attendu qu'ils ont toujours employé*
» *la violence, tandis qu'ils auraient dû se*
» *servir des moyens de conciliation, surtout*
» *depuis que la supériorité de leurs forces a*
» *été constatée;*

» *2° Que votre intention, en vous adressant*
» *à Sa Majesté, est de lui déclarer que vous*
» *êtes disposés à faire tous les sacrifices*
» *pécuniaires qui seront nécessaires pour*
» *rétablir la tranquillité en terminant la*
» *révolution d'une manière qui satisfasse*
» *tous les Français qui ne sont pas assez*
» *extravagants pour vouloir lutter directe-*
» *ment contre les progrès des lumières et*
» *de la civilisation;*

» *3° Que vous suppliez Sa Majesté de nom-*
» *mer une commission composée des six cul-*
» *tivateurs, des trois manufacturiers, des*
» *trois négociants et des trois banquiers les*
» *plus riches et le plus généralement esti-*
» *més; que vous la conjurez de charger cette*
» *commission de lui présenter le projet*
» *d'administration et d'emploi des deniers*

» *publics qui lui paraîtra le plus favorable à*
» *la production;*

» *4° Que vous avez été profondément affligés*
» *des malheurs et des chagrins que la maison*
» *de Bourbon a éprouvés depuis 1789; que*
» *vous priez Sa Majesté de considérer que la*
» *révolution a pesé sur toutes les classes de*
» *la société, et que la meilleure manière*
» *d'effacer les chagrins qu'elle a causés à*
» *tous les Français, est de travailler à garan-*
» *tir les générations suivantes d'une pareille*
» *calamité, en établissant à l'amiable le*
» *régime le plus favorable à la production,*
» *puisque ce régime est réclamé aujourd'hui*
» *par l'état des lumières et de la civilisa-*
» *tion;*

» *5° Enfin, que vous formez des vœux pour*
» *que la monarchie française, après avoir*
» *duré 1400 ans, le Roi de France, se regar-*
» *dant comme le premier soldat de son*
» *royaume, dure 1400 autres années, le Roi*
» *de France se considérant comme le pre-*
» *mier industriel de France et du monde*
» *entier.*

« Messieurs,

» N'hésitez pas un seul instant à prendre le
» parti que je viens de vous indiquer, les cir-
» constances vous sont favorables dans ce mo-
» ment, puisque la France étant en paix avec
» toute l'Europe, l'attention du Roi et celle de
» la Nation peuvent se porter tout entières sur
» les affaires intérieures ; hâtez-vous d'obtenir à
» prix d'argent l'organisation du régime le plus
» favorable à la production. Ne refusez aucune
» des sommes qui vous seront demandées, pro-
» posez même plus qu'on ne vous demandera.

» Les avantages qui résulteront pour vous
» d'un établissement social, conçu dans l'intérêt
» des producteurs et consenti volontairement
» par les personnes intéressées à s'y opposer,
» sont innombrables; ces avantages, sous le
» rapport pécuniaire, seront incalculables, car
» la production étant débarrassée de toutes les
» entraves qui en ont jusqu'à ce jour arrêté
» l'essor, la valeur du territoire de la France
» sera plus que doublée en moins de vingt ans,
» et dans ce même temps, les améliorations qui

» seront faites dans toutes les branches de l'in-
» dustrie française, amélioreront nos manufac-
» tures au point qu'aucune fabrique étrangère
» ne pourra plus entrer en concurrence avec les
» nôtres.

» L'argent ne vous manquera point pour exé-
» cuter cette importante opération ; M. Laffitte
» et ses amis vous en procureront autant que
» vous voudrez, et ils combineront pour vous un
» mode d'extinction de cette dette qui sera tel
» que son paiement ne vous causera aucune
» gêne. M. Laffitte pourra alors développer tous
» ses talents pour les combinaisons financières,
» et ses travaux deviendront d'une utilité posi-
» tive et incontestable pour les progrès de la
» civilisation.

» Le système de crédit a, jusqu'à ce jour,
» plutôt servi à prolonger l'existence de la
» noblesse en Angleterre et en France, qu'à pro-
» curer l'amélioration de la condition sociale des
» producteurs ; le moment est arrivé où ce sys-
» tème doit être employé à faciliter la grande
» opération du rachat définitif et complet des
» communes.

» Que d'argent vous auriez économisé si, dès
» le commencement de la révolution, vous vous

» étiez mis en avant, et si vous aviez traité les » affaires de cette manière !

» Que d'argent il vous en coûtera inutilement » encore si vous ne suivez pas mon conseil, si » vous laissez échapper l'occasion favorable que » la paix vous procure, et si vous continuez à » vous laisser guider en politique par les sa- » breurs et par les parleurs, au lieu de prendre » confiance dans votre capacité administrative !

» Messieurs,

» C'est de l'établissement du régime adminis- » tratif le plus favorable à la production qu'il » faut s'occuper directement. La civilisation est » parvenue en France à une si grande hauteur, » qu'il n'existe plus d'autre moyen d'y ramener » la tranquillité que celui de placer les produc- » teurs en tête de la société, et de n'accorder de » la considération à ceux qui ne sont pas direc- » tement producteurs, qu'en raison des services » qu'ils rendent aux producteurs directs.

» Le régime anglais n'est qu'un régime bâ- » tard ; ce régime n'a pu s'établir en Angleterre, » et y acquérir quelque solidité, qu'à raison de

» circonstances particulières à ce pays, et dont » je parlerai plus tard ; mais il est absolument » impossible qu'il s'acclimate en France. Le » régime anglais n'est, dans la réalité, que le » régime féodal modifié, et les industriels fran- » çais éprouvent trop fortement le sentiment de » leur utilité et de leur dignité, pour supporter » sans mécontentement la conservation du » moindre vestige de la noblesse.

» Les discussions relatives aux lois de ga- » rantie contre l'établissement de pouvoirs qui » ont essentiellement le caractère féodal, sont » propres à faire briller les talents de MM. les » avocats, mais elles ne sont, dans la réalité, » d'aucune utilité, ou plutôt elles sont très-nui- » sibles, parce qu'elles contribuent à fixer l'at- » tention publique dans une direction politique » qui est complétement fausse, c'est-à-dire abso- » lument contraire à l'amélioration de la con- » dition sociale des producteurs.

» La vérité est qu'il n'existe qu'un seul » moyen de mettre les citoyens à l'abri de l'ar- » bitraire, qu'il n'en existe qu'un seul de leur » garantir le bon emploi des deniers publics, » c'est que les producteurs, qui sont ennemis » nés de l'arbitraire (puisqu'ils ne peuvent pas

» l'exercer), et qui sont personnellement intéressés à l'économie dans les dépenses publiques (puisque ce sont eux qui les payent), » soient chargés de diriger l'administration générale.

» En un mot, pour qu'un ordre de choses pacifique, économique et stable s'établisse en » France, il faut que le Roi des Français devienne » le premier industriel de France et du monde » entier ; mais il ne pourra prendre ce titre et » diriger l'administration publique dans l'intérêt » direct de la production qu'à l'époque où » MM. les industriels se seront montrés dignes » d'entourer son trône par la générosité de leurs » sentiments, par l'étendue de leurs vues et par » l'énergie de leur caractère.

» Sire,

» Voilà le langage que je tiendrais aux chambres de commerce de France réunies ; j'aurai » occasion de reproduire les mêmes idées dans » la suite de ce travail, et je ne crois pas, par » cette raison, devoir leur donner pour le moment un plus grand développement.

» Je vais passer à la seconde partie de mon » Rapport. Je vais examiner ce qui concerne la » seconde classe de vos sujets, etc. »

MESSIEURS,

Ce n'est qu'en exécutant les choses qu'on apprend, par sa propre expérience, comment elles doivent être faites. J'avais d'abord projeté de traiter dans cette Lettre les trois grandes questions politiques que j'avais énoncées dans la précédente ; mais, dès que j'ai pris la plume, je me suis aperçu que le tableau était trop grand pour le cadre, et j'ai pris le parti de me réduire à dire mon opinion sur la première de ces questions. Enfin, après avoir écrit les pages qui précèdent, je m'aperçois que je vous en ai dit assez pour aujourd'hui. Je dois même m'estimer fort heureux si j'obtiens de votre complaisance que vous preniez la peine de lire cette Lettre tout entière.

J'ai l'honneur d'être,

Messieurs,

Votre très-humble, etc.

HENRI SAINT-SIMON.

POST-SCRIPTUM.

MESSIEURS,

La Nation se trouve dans une position politique absolument fausse, et il résulte de cette fausse position que les circonstances actuelles sont favorables au développement des passions et des capacités malfaisantes.

La position politique dans laquelle nous nous trouvons est fausse sous ce rapport que le pouvoir de diriger les affaires de la société se trouve entre les mains des classes qui ont le moins de forces réelles et de capacités positives, tandis que les classes gouvernées sont les plus capables en même temps que les plus fortes.

Et, en effet, les producteurs, sous le rapport physique et sous le rapport moral, c'est-à-dire les industriels et les savants positifs, forment la classe des gouvernés, tandis que le gouvernement se trouve dans les mains des nobles, des militaires qui ne sont pas nobles et des légistes qui y jouent aujourd'hui le rôle prépondérant.

De cette fausse position il résulte nécessairement que les gouvernants sont obligés d'employer la ruse pour conserver le pouvoir qu'ils exploitent, et que les gouvernés, ne pouvant point donner d'essor à leur amour pour le bien public, se trouvent réduits à agir en égoïstes.

Cet état de choses est monstrueux, il changera nécessairement, et tous les honnêtes gens doivent réunir leurs efforts pour le changer le plus promptement possible.

Comment doit-on s'y prendre pour faire passer le pouvoir dans les mains de la classe la plus forte et la plus capable, qui est aujourd'hui celle des producteurs?

C'était la première question à résoudre, c'était le premier pas à faire dans la bonne route politique.

Ce premier pas est fait, j'ai résolu cette question; vous en serez convaincus, Messieurs les industriels, quand vous prendrez la peine de lire mes écrits avec attention.

MESSIEURS,

Ce premier pas étant fait, il vous est facile

d'amener les circonstances favorables aux capacités et aux passions bienfaisantes, c'est-à-dire il vous est facile de déterminer Sa Majesté à donner sa confiance aux producteurs. Mais pour cela il y a une condition indispensable, c'est que vous manifestiez vos propres opinions, c'est que les industriels les plus riches n'adoptent point les habitudes et le genre de luxe de la noblesse; c'est que vous conserviez tous les mœurs de votre classe, c'est que vous cessiez de jouer un rôle de confident dans le parti réputé libéral; c'est qu'en un mot vous vous placiez à la tête de ce parti, que vous vous chargiez de le diriger, et que vous adressiez directement au Roi vos vues sur les changements à faire dans l'administration générale, pour la rendre favorable à la production.

Messieurs,

Quand vous aurez établi clairement quel est le genre d'administration des deniers publics qui serait le plus favorable à la production, Messieurs les avocats qui sont libéraux pourront alors employer leur éloquence pour vous convaincre vous-mêmes de la supériorité de votre doctrine sur toutes celles qui avaient été produites jusqu'à ce jour. Et Messieurs les militaires qui sont libéraux pourront déclarer qu'ils adoptent votre doctrine et qu'ils sont disposés à la soutenir.

La classe militaire peut et doit avoir une opinion politique. Quand l'opinion de l'armée sera que la société doit être organisée de la manière la plus favorable pour les producteurs, et que les producteurs doivent diriger l'administration des deniers publics, jamais le gouvernement n'entreprendra de faire agir l'armée contre son opinion. Ce n'est point avec les industriels que le gouvernement est en opposition, c'est avec les hommes intrigants ou incapables qui ont jusqu'à présent conduit les industriels dans une direction contraire à leurs intérêts et à ceux du Roi; ce que le gouvernement combat, ce n'est pas la doctrine la plus favorable à la production, c'est la doctrine fausse, bâtarde et pernicieuse que Messieurs les industriels ont suivie jusqu'à ce jour sans en avoir senti les conséquences et avec la même incurie que des moutons suivent un garçon boucher qui les conduit à la boucherie. En un mot, ce que le gouvernement combat, ce qu'il a raison de combattre, c'est la doctrine : *Tire-toi de là que je m'y mette.*

Depuis le commencement de la révolution, le parti réputé libéral se compose d'un certain nombre de prêtres, de nobles, de militaires non nobles, de légistes et d'industriels. Jusqu'à présent ce sont les prêtres, les nobles, les militaires non nobles et principalement les légistes qui ont mené ce parti, et les industriels n'y ont joué qu'un rôle subalterne. Que les industriels se mettent à la tête du parti; qu'ils arrêtent entre eux clairement le but vers lequel il est de leur intérêt de le faire tendre; que les prêtres, que les nobles, les militaires non nobles, et que les légistes ne jouent plus qu'un rôle auxiliaire dans ce parti, et la révolution tendra alors directement à une heureuse terminaison.

Ne vous effrayez point, Messieurs, de la difficulté de concevoir l'organisation sociale dans l'intérêt des producteurs. J'ai acquis à cet égard des idées nettes. Soutenez-moi de manière à me procurer les moyens de m'adjoindre des collaborateurs, de multiplier mes écrits, et de les répandre non-seulement dans toutes les villes de France qui ont quelque importance industrielle, mais encore dans toute l'Europe commerçante, et je vous réponds que cette grande entreprise sera vigoureusement, sagement et promptement mise en activité.

Il en sera de la guerre des opinions comme de la guerre à coups de canon. Le parti qui aura le dernier écu est celui qui remportera la victoire définitive.

NOTA. — *Deux personnes se battaient à l'épée; une des deux avait déjà rompu plusieurs fois la semelle, son adversaire lui dit : Vous avez une singulière manière de vous battre. — Cela est vrai, répondit le premier, mais pourvu que je vous tue, cela doit vous être tout à fait indifférent. — Et en effet il le tua.*

Il y a toujours beaucoup plus de moyens de succès en dehors de la méthode, qu'il ne s'en trouve dans la méthode même.

Cette lettre contient une cumulation de suppositions qui est un défaut de méthode évident ; elle renferme encore bien d'autres fautes contre la méthode et contre les règles de la littérature; malgré cela, je la crois propre à me faire atteindre mon but. Je la crois propre à sortir Messieurs les industriels de l'apathie politique dans laquelle ils ont vécu jusqu'à ce jour. Je la crois propre à les stimuler à faire les efforts nécessaires pour parvenir à former dans l'État une puissance prépondérante.

Je donnerai, dans la première Lettre que je publierai, la suite du Rapport que, d'après mon opinion, M. de Richelieu aurait dû faire au Roi, quand il a accepté la présidence du conseil des ministres.

A MESSIEURS LES DÉPUTÉS

QUI SONT INDUSTRIELS

TROISIÈME LETTRE

Messieurs,

Je vous présenterai dans cette Lettre la suite du Rapport que (d'après mon opinion) M. de Richelieu aurait dû faire au Roi quand il a accepté la présidence du ministère et avant de commencer ses travaux administratifs.

C'est donc M. de Richelieu qui est supposé adresser au Roi ce qui va être dit.

« Sire,

» Je passe à la seconde partie de mon Rap-

» port. Je vais parler à Votre Majesté de la » seconde classe de ses sujets.

» J'examinerai d'abord la composition et l'ori» gine de cette seconde classe. Je dois appeler » votre attention sur ce premier ordre de con» sidération, avant de m'occuper de la conduite » politique que cette classe a tenue pendant le » cours de la révolution, et avant de dire à Votre » Majesté mon opinion sur l'usage qui doit être » fait du pouvoir royal à l'égard de cette portion » de ses sujets.

» Sire,

» La seconde classe de vos sujets se com» pose :

» 1° Des rentiers sans profession, ainsi que » des propriétaires territoriaux, qui ne sont point » nobles d'origine, et qui ne sont point occupés » de travaux industriels ;

» 2° De tous les militaires qui ne sont point » nobles;

» 3° De tous ceux qui sont attachés à l'ordre » judiciaire;

» 4° Enfin, de tous les Français qui exercent » des professions réputées honorables.

» Or, les professions qui sont réputées hono-
» rables sont celles dont l'utilité n'est point
» directe : ce sont celles qui participent à l'ac-
» tion de gouverner, ce sont en un mot celles
» qui n'ont point pour objet spécial LA PRO-
» DUCTION.

» SIRE,

» En remontant à l'origine de cette classe, on
» trouve que sa formation s'est opérée de la
» manière suivante :

» La noblesse, s'étant endettée par les dé-
» penses que lui avaient occasionnées les guerres
» des croisades et par le luxe auquel elle s'était
» livrée, a vendu une partie de ses domaines à
» des laïques qui ont pris, dès ce moment, le
» titre de bourgeois, et qui ont acquis une
» grande importance dans l'État, à raison des
» propriétés territoriales dont ils sont devenus
» possesseurs.

» Les nobles ont exercé exclusivement la pro-
» fession militaire, jusqu'à la découverte de la
» poudre à canon; mais depuis cette époque,
» il s'est formé une classe de militaires qui

» n'étaient point d'extraction noble, et cet
» fraction de la seconde classe de vos sujets
» été considérée, dès son origine, comme u
» noblesse au petit pied.

» Je passe à ce qui concerne l'ordre jud
» ciaire. Les barons étaient primitivement l
» seuls juges des habitants de leurs domaine
» lesquels étaient leurs sujets : ils admini
» traient la justice à leur profit, et les amende
» qu'ils faisaient payer formaient une branc
» importante de leurs revenus. Ils ont trouv
» qu'il était trop fatiguant de juger eux-mêmes
» ils ont créé, pour se soulager, l'ordre jud
» ciaire, dont les membres se trouvent aujou
» d'hui à la tête de la seconde classe de vo
» sujets. On peut dire, sans aucune exagératio
» que les légistes ont pris naissance entre le
» jambes des barons.

» SIRE,

» D'après les faits notoires que je viens d
» rappeler à Votre Majesté, il est évident que l
» seconde classe de vos sujets a été engendré
» par la première, il est par conséquent éviden

» qu'elle participe à la nature politique de la
» féodalité et qu'elle tend à gouverner la nation
» à son profit; car les enfants tiennent de leurs
» parents : on n'a jamais vu des carnivores
» donner le jour à des frugivores, ni des frelons
» produire des abeilles.

» SIRE,

» La connaissance de la manière dont la seconde classe de la nation française est composée, réunie à celle de la façon dont sa formation s'est opérée, étaient des données suffisantes pour mettre en état de juger la conduite que cette classe tiendrait pendant le cours de la révolution.

» Si les ministres de *Louis XVI* avaient possédé une capacité politique, proportionnée à la gravité des circonstances, ils auraient tenu à leur Roi le langage suivant, dès l'instant que les premiers symptômes de l'insurrection se sont manifestés.

» Ils lui auraient dit :

» *Une grande révolution se prépare, elle ne tardera pas à éclater. Cette révolution se terminera nécessairement par l'établis-*

» *sement d'un nouveau régime social, par*
» *l'établissement d'un régime qui sera es-*
» *sentiellement avantageux aux gouvernés,*
» *et qui ne sera utile aux gouvernants que*
» *d'une manière secondaire.*

» *Cette révolution ne peut point être évitée,*
» *elle ne peut même pas être sensiblement*
» *retardée; car il résultait de la nature des*
» *choses, que les avantages immenses dont*
» *les gouvernants ont joui primitivement*
» *diminuassent continuellement et à me-*
» *sure que les gouvernés deviendraient plus*
» *éclairés. Il est également de cette même*
» *nature des choses que chacun des gou-*
» *vernés possédant aujourd'hui la capacité*
» *suffisante pour administrer ses propres*
» *affaires, tous les gouvernés réunis doivent*
» *vouloir que la société soit organisée direc-*
» *tement dans leur intérêt, parce qu'ils se*
» *sentent la capacité suffisante pour établir*
» *et pour maintenir ce nouveau régime, qui*
» *est celui vers lequel ont tendu tous les*
» *progrès de l'esprit humain.*

» *Cette révolution qui est inévitable, qui ne*
» *peut pas même être sensiblement retardée*
» *ainsi que cela vient d'être établi, s'opérera*

» *d'une manière pacifique et par voie de*
» *conciliation,* si elle est dirigée par le pou-
» voir royal, *c'est-à-dire si le pouvoir royal*
» *se met franchement à la tête des gouvernés*
» *et s'il épouse leurs intérêts.*

» *Cette révolution deviendra sanguinaire*
» *et désastreuse au Roi lui-même et à sa*
» *famille, si le pouvoir royal entre en oppo-*
» *sition avec les intérêts des gouvernés.*

» *Enfin, cette révolution causera à la na-*
» *tion de grands malheurs; les Français*
» *serviront pendant longtemps de jouets aux*
» *intrigants; ils se laisseront pendant long-*
» *temps conduire par des doctrines bâtardes,*
» *si le Roi ne dirige pas le changement qui*
» *doit s'opérer dans l'organisation sociale,*
» *et s'il n'exerce pas dans cette circonstance*
» *un pouvoir dictatorial.*

» *Le pouvoir royal doit donc prendre son*
» *parti dans cette occasion d'une manière*
» *ferme et nette. Le but que le Roi doit se*
» *proposer est celui d'établir le régime so-*
» *cial le plus avantageux possible aux gou-*
» *vernés. Il doit donc se liguer franchement*
» *avec les gouvernés contre les nobles et*
» *contre les bourgeois; c'est-à-dire contre*

» *les gouvernants et contre les sous-gouver-*
» *nants actuels.*

» *La classe des gouvernés, qui est la troi-*
» *sième classe de la société, se compose,*
» *pour la très-majeure partie, des hommes*
» *les moins instruits et les plus pauvres;*
» *mais elle renferme aussi tous les chefs des*
» *travaux industriels, c'est-à-dire tous les*
» *entrepreneurs de culture, tous les manu-*
» *facturiers, tous les négociants et tous les*
» *banquiers. Or, ces hommes qui, dans l'état*
» *actuel des choses, sont les véritables chefs*
» *du peuple, étant par cette raison ceux qui*
» *possèdent le plus grand pouvoir réel,*
» *ceux qui sont investis de la capacité la*
» *plus positive, ceux dont l'utilité est la*
» *plus directe, c'est avec eux que le Roi doit*
» *se liguer.*

» *Le Roi doit créer une commission peu*
» *nombreuse, et qui soit composée des cul-*
» *tivateurs, des manufacturiers, des négo-*
» *ciants et des banquiers les plus impor-*
» *tants. Il doit charger cette commission*
» *de lui présenter les meilleurs moyens à*
» *employer pour donner le plus d'activité*
» *possible à l'industrie. Il doit dire à cette*

» *commission : Faites-moi connaître comment je dois m'y prendre pour accroître le plus promptement possible la valeur du territoire de la France? Comment on peut perfectionner nos manufactures et donner de nouveaux débouchés à nos produits? En un mot, comment on peut donner le plus d'occupation possible aux ouvriers?*

» *Quand vous aurez produit à ce sujet des idées bien claires, quand vous m'aurez présenté un tableau général des travaux industriels que la Nation peut entreprendre avec ses moyens actuels, il sera fort aisé de constituer le nouveau régime, car ce nouveau régime, ce régime qui doit être principalement utile aux gouvernés, ne peut consister que dans l'organisation des moyens que vous aurez donnés pour rendre la production le plus active possible.*

» *Si le Roi n'adoptait pas le plan de politique que nous venons de lui présenter, s'il ne se liguait pas franchement avec les chefs des travaux industriels contre la classe qui a gouverné la nation pendant son ignorance, et plus particulièrement encore contre les sous-gouvernants qui se*

» *sont établis pendant ces derniers siècles*
» *qui ont été l'époque des demi-lumières,*
» *voici ce qui arriverait :*

» *La classe des sous-gouvernants se mon-*
» *trerait d'abord très-populaire, elle capti-*
» *verait la confiance des gouvernés en dé-*
» *clamant contre les priviléges dont les*
» *nobles jouissent encore, quoique leur*
» *existence ne soit plus d'aucune utilité dans*
» *l'organisation sociale, en un mot, elle*
» *s'emparerait de la révolution.*

» *Cette classe userait de la confiance*
» *qu'elle aurait acquise et du pouvoir que*
» *lui donnerait cette confiance des gouvernés*
» *dans ses bonnes intentions, pour faire*
» *exterminer la famille royale et pour faire*
» *déporter la noblesse, et quand elle se*
» *serait débarrassée de tout ce qui se trouve*
» *placé au-dessus d'elle, ses efforts ten-*
» *draient à reconstituer la royauté à son*
» *profit, en plaçant sur le trône un monarque*
» *pris dans son sein : cette classe tendrait*
» *aussi à reconstituer une nouvelle noblesse,*
» *en la composant des courtisans et des*
» *créatures du roi de nouvelle fabrique.*

» *Certainement une pareille organisation*

» *nationale ne pourrait pas durer beaucoup de*
» *temps, parce qu'elle se trouverait en oppo-*
» *sition avec les intérêts des gouvernés qui ont*
» *acquis de la capacité politique, et qui tôt*
» *ou tard chasseraient la dynastie bourgeoise*
» *et les nouveaux nobles, de même que les*
» *sous-gouvernants auraient expulsé l'an-*
» *cienne noblesse; mais cette organisation*
» *bâtarde aurait une existence assez longue*
» *pour causer bien des malheurs, et dans*
» *tous les cas elle ferait à la société le mal*
» *très-grand de lui faire éprouver deux*
» *crises pour opérer le changement qui peut*
» *s'effectuer en une seule révolution.*

» *Enfin ce que le Roi doit faire dans ce*
» *moment et sans perdre un seul instant,*
» *c'est de liguer le pouvoir royal avec les*
» *forces très-grandes, très-positives, et même*
» *très-prépondérantes qui se trouvent à la*
» *disposition des chefs des travaux indus-*
» *triels.* »

« Sire,

» La combinaison que je viens de présenter
» à Votre Majesté pouvait certainement être

» faite en 1789 ; mais il faut convenir qu'il était,
» à cette époque, très-difficile de porter ce juge-
» ment ferme sur la conduite que le pouvoir
» royal devait tenir à l'égard de la seconde
» classe des Français, attendu que les seules
» données sur lesquelles on pouvait établir ce
» jugement étaient celles résultant de la con-
» naissance acquise de la composition de cette
» classe et de la manière dont elle s'était for-
» mée. Nous ne devons donc point être étonnés
» des fautes politiques qui ont été commises à
» cet égard par Louis XVI ainsi que par son
» ministère.

« Sire,

» Les choses ont bien changé de face sous
» ce rapport ; ce qui était fort difficile à conce-
» voir en 1789 est aujourd'hui très-facile à
» juger, parce que l'expérience est venue au
» secours du raisonnement. Pour prouver ce
» que j'avance, je vais établir clairement et
» directement quelle est la conduite que Votre
» Majesté doit tenir à l'égard de la seconde
» classe de ses sujets.

» Je commencerai par énoncer un fait général

» qui n'a point besoin d'être prouvé, attendu » qu'il est généralement connu. Ce fait est que » la seconde classe de vos sujets est celle qui a » provoqué l'insurrection, que c'est elle qui a » constamment dirigé la révolution, et qu'en » résultat de ses travaux révolutionnaires, elle » est parvenue à s'emparer de presque toute » l'action politique qui s'exerce en France, car » elle conduit en même temps toutes les forces » générales qui sont politiquement agissantes, » elle fournit des chefs à tous les partis et même » à toutes les factions.

» Le ministère de Votre Majesté et son Con- » seil d'État sont composés presque en totalité » de personnes sorties de cette seconde classe.

» Dans les Chambres et hors des Chambres, » les meneurs des ultras sont des avocats; les » soi-disant libéraux les plus influents sont » aussi des avocats, et les directeurs des ven- » trus sont encore des avocats.

» Voyons maintenant l'usage que la seconde » classe a fait, depuis l'origine de la révolution, » de l'influence qu'elle a constamment exercée » sur les affaires publiques. Je diviserai cet » examen en quatre parties auxquelles je don- » nerai le nom d'époques.

» Je renferme dans la première époque ce qui » s'est passé depuis 1789 jusqu'à l'acceptation » de la constitution de 1791, et je dis que, pen- » dant cette première époque, la classe des » sous-gouvernants s'est mise en mesure d'acca- » parer la totalité des pouvoirs politiques : » 1° Elle a supprimé la noblesse ; 2° elle a privé » la royauté de tous les appuis qui pouvaient la » soutenir ; 3° elle s'est emparée de la totalité » des pouvoirs administratifs dans les provinces, » par l'établissement d'administrations de dis- » tricts et de départements, qui, par la manière » dont elles étaient constituées, devaient néces- » sairement se trouver dans sa dépendance.

» Je comprends dans la seconde époque le » temps qui s'est écoulé depuis l'acceptation de » la constitution de 1791 jusqu'à l'établissement » de l'Empire, et je dis que, pendant cette épo- » que, la classe des sous-gouvernants s'est » emparée de tous les pouvoirs politiques, et » qu'elle en a fait usage : 1° pour massacrer la » famille royale ; 2° pour dépouiller, par des » moyens violents, les nobles de leurs pro- » priétés ; 3° pour ruiner les industriels en éta- » blissant la loi du maximum.

» Je considère la troisième époque comme

» étant celle de la durée de l'Empire, et je dis » que, pendant cette troisième époque, la se- » conde classe s'est constitué un chef suprême » auquel elle a donné le titre d'Empereur ; or, » ce chef a entraîné la Nation dans des guerres » d'ambition qui ont eu des suites désastreuses ; » il a recréé les titres féodaux en faveur de ses » courtisans ; il s'est emparé de la fabrication » du tabac, du commerce du coton, du café, du » sucre et de toutes les autres denrées coloniales ; » il voulait s'approprier l'éducation des mérinos. » Ainsi, pendant cette troisième époque, les » sous-gouvernants avaient remis la Nation sous » un joug plus fâcheux, à plusieurs égards, que » celui qu'elle supportait avant la révolution.

» La quatrième époque a commencé lors de » la rentrée de Votre Majesté. Depuis la res- » tauration, la deuxième classe se trouve com- » primée par l'action que tous les peuples et » que tous les gouvernements européens exer- » cent sur elle. Cela l'a déterminée à user de » ruse ; plusieurs des favoris de Bonaparte sont » devenus les protégés de Votre Majesté ; les » légistes les plus malins et les militaires les » plus adroits continuent à exploiter le pouvoir » royal à leur profit, et ils guettent le moment

» où ils pourront commencer une cinquième » époque, en replaçant sur le trône le fils du » bourgeois qui y était monté et qui en a été » chassé.

» Sire,

» Je conclus de cette série d'observations, » que l'intérêt des gouvernés, ainsi que celui de » Votre Majesté et de son auguste famille, » exigent que l'influence acquise par la se- » conde classe de ses sujets soit diminuée. La » mesure que je propose est celle de placer au » premier rang les chefs des travaux industriels, » de leur demander officiellement quels sont les » moyens d'accroître le plus possible la pro- » duction en France, et de n'employer les bour- » geois que d'une manière secondaire à l'égard » des cultivateurs, des manufacturiers et des » négociants, en se servant de ceux qui sont » militaires pour empêcher que les travaux in- » dustriels ne soient troublés par l'étranger, et » de ceux qui sont légistes pour faire les lois » les plus favorables à la production.

» SIRE,

» J'ai conclu la première partie de mon Rap-
» port, en disant que la première classe de vos
» sujets, c'est-à-dire que la noblesse doit être
» supprimée, et je conclus cette seconde partie,
» en disant que la seconde classe de vos sujets
» ne doit plus être considérée que comme for-
» mant la dernière.

» Mon opinion, à cet égard, est fondée sur
» cette conception qui est parfaitement claire :
» Les nations, de même que les individus,
» ne peuvent vivre que de deux manières, sa-
» voir : *en volant ou en produisant.* Ainsi, il
» ne peut y avoir que deux espèces d'organisa-
» tion sociale, dont le caractère soit positif :
» l'une ayant pour objet de faire des conquêtes,
» c'est-à-dire de voler nationalement; l'autre
» ayant pour but de produire le plus possible.
» Dans le premier cas, ce sont les militaires qui
» doivent se trouver au premier rang, et dans le
» second, ce sont les industriels qui doivent être
» placés en premier ligne.

» La troisième partie de mon Rapport, dans
» laquelle j'envisagerai directement ce qui con-

» cerne la troisième classe de vos sujets, éclair-
» cira, j'espère, complétement ce que j'ai dit
» jusqu'à présent.

» Je demande à Votre Majesté la permission
» de ne lui présenter cette troisième partie de
» mon travail que dans quelques jours. »

ÉPITRE DÉDICATOIRE

A MONSIEUR LE PRÉSIDENT

DU CONSEIL DES MINISTRES

MONSIEUR LE PRÉSIDENT,

L'objet de cet écrit est de déterminer la formation d'un nouveau parti politique, d'un parti qui soit dirigé par les chefs des travaux industriels, et qui ait pour but principal et direct d'activer la production.

Je suis profondément convaincu que la formation de ce nouveau parti est de tous les événements politiques possibles le plus désirable pour le Roi, pour la Nation et pour le ministère; car il se proposera nécessairement pour but la prospérité de la Nation, la conservation de la dynastie et la sécurité du gouvernement.

C'est surtout le ministère qui est intéressé à la formation de ce nouveau parti; car il restera dans une position très-embarrassante tant qu'il se trouvera en regard avec les deux seuls qui existent aujourd'hui.

Il ne peut pas se combiner avec le parti des nobles, qui ne possède aucune force réelle, est mal vû de la Nation, et devient absurde, parce qu'il a des intentions et une direction rétrogrades.

Le ministère peut encore moins se combiner avec le parti des bourgeois, dont les chefs sont accusés de cacher, sous le manteau du libéralisme, le désir d'un changement de dynastie, et du rétablissement, à leur bénéfice, des priviléges et de leurs abus[1].

1. La très-grande majorité du côté gauche se compose d'hommes dont les intentions sont pures, et qui désirent franchement la réforme des abus; et cependant on ne peut pas se dissimuler que le côté gauche n'est point un parti franchement national. En voici la raison :

Ce parti combat le système politique actuel, et il ne présente point un nouveau système pour remplacer celui qu'il

Le ministère ne pouvant se réunir avec aucun des deux partis existants, a nécessairement dû adopter un système de bascule pour les contenir l'un par l'autre. Or, ce système est essentiellement vicieux, parce que, d'une part, il tend à maintenir les choses dans un état précaire, et que d'un autre côté, il doit déplaire de plus en plus à la Nation, à qui il occasionne des dépenses considérables qui n'ont point pour objet l'utilité publique.

Monsieur le Président,

Dès qu'il existera un parti politique dirigé par les chefs des travaux industriels, l'embarras du ministère cessera; car il pourra

mprouve. Ce parti a bien conscience que le système féodal, nême mitigé, ne peut plus convenir à l'état des lumières; nais il ne sent pas encore que le seul moyen d'anéantir les rincipes féodaux consiste à établir les principes industriels; e là il résulte que son opinion n'a qu'un caractère critique t vague; de là il résulte que ce parti se laisse mener par uelques ambitieux qui ont un plan fixe, un but positif, qui isent directement à s'emparer du pouvoir et qui ne se laisent point égarer dans les labyrinthes de la métaphysique.

combiner le pouvoir royal avec un parti vraiment national, et à l'aide de ce parti, il dominera facilement les partis actuels, qui ne sont dans la réalité que des factions; il les dominera sans être obligé d'employer une portion considérable des revenus de l'État à se mettre à l'abri de leurs intrigues : en un mot, la création de ce parti fournira, au ministère, le moyen d'abandonner les principes de Machiavel, pour suivre une politique franche et loyale, la seule qui puisse convenir à l'état présent des lumières et de la civilisation, et au caractère national.

Mon entreprise étant directement et évidemment utile au Roi, à la Nation et au ministère, je crois pouvoir et devoir compter sur la protection de Votre Excellence; je la prie de vouloir bien me l'accorder.

Vous savez, monsieur le Président, que j'ai entrepris de faire valoir les droits politiques des industriels; vous savez que je me suis constitué leur avocat, leur agent, et que je me suis engagé à leur faire obtenir la considération à laquelle ils ont droit de prétendre, et l'influence qu'ils doivent exercer sur la direction des affaires publiques; votre appui est trop nécessaire au succès de mon entreprise pour que vous soyez surpris de l'importance que j'attache à l'obtenir.

J'ai l'honneur d'être, avec respect,

MONSIEUR LE PRÉSIDENT,

Votre très-humble
et très-obéissant serviteur,

HENRY SAINT-SIMON.

PREMIÈRE OPINION POLITIQUE

DES INDUSTRIELS

OU

LETTRE

DE MM. LES ENTREPRENEURS

DES TRAVAUX DE CULTURE, DE FABRICATION, DE COMMERCE ET DE BANQUES,

A M. TERNAUX,

Membre de la Chambre des Députés.

MONSIEUR,

Votre opinion sur le budget vous fait beaucoup d'honneur; elle vous classe au nombre de ceux qui ont rendu d'éminents services à la société. Vous êtes le premier député qui ait parlé d'une manière générale et convenable des droits et des intérêts de l'industrie. Votre langage a été celui d'un homme qui sent profondément toute la dignité, toute l'utilité de ses occupations, et qui, sous le rapport de la morale, les regarde comme supérieures à toutes les autres.

Le courage, monsieur, est la principale vertu; c'est celle qu'il importe le plus aux nations, comme aux individus, de posséder. La France aurait été conquise et partagée, si les Français n'avaient pas déployé un grand courage militaire. Nous n'avons plus besoin de courage militaire; mais le moment est arrivé où nous devons nous montrer courageux sous le rapport civil. Si nous ne développons pas une grande énergie politique, nous manquerons le but que nous nous sommes proposé en commençant la révolution, celui d'établir un ordre de choses tel que nous nous trouvions gouvernés le moins possible, et au meilleur marché possible.

Le plus bel hommage que nous puissions rendre à vos généreux efforts, c'est de les seconder; l'approbation la plus complète que nous puissions donner au pas que vous avez fait dans la politique industrielle, c'est d'en faire un second dans la même direction. Nous allons donc continuer l'exposé du système que vous avez eu le courage de présenter.

Vous avez dit, monsieur, qu'un manufacturier était un homme plus utile à l'Etat qu'un noble. Nous sommes entièrement de votre avis, et nous allons soutenir votre assertion par des considérations générales, dans lesquelles nous mettrons en comparaison, d'une part, toute la noblesse, et de l'autre, la classe industrielle.

Dans les temps d'ignorance et de barbarie, l'état de guerre intérieure et extérieure était l'état habituel de la société; ainsi les militaires devaient jouir du premier degré de considération, parce qu'ils étaient la classe conservatrice de l'existence nationale; leurs chefs devaient être les citoyens les plus importants dans l'État; la direction des affaires publiques devait leur être confiée, et le Roi devait considérer comme le plus beau de ses titres, celui de premier gentilhomme, de premier soldat de son royaume.

Dans l'état présent de la civilisation, il n'existe plus de guerre intérieure, et la guerre extérieure n'est plus qu'un état accidentel. Les nations les plus puissantes sont maintenant celles qui produisent le plus; ce sont donc les industriels qui doivent former la première classe de la société; ce sont leurs chefs qui doivent exercer la plus grande influence sur la direction des affaires publiques, et le plus beau titre que le Roi puisse prendre, est celui de chef suprême des travaux industriels.

En un mot, les circonstances politiques ont été changées par l'effet du progrès des lumières; et de ce changement résulte la nécessité de créer un nouvel art pour diriger les affaires publiques.

Autrefois, la principale capacité politique consistait à savoir gouverner, c'est-à-dire à savoir se faire craindre et se faire obéir; la science de l'administration était encore dans l'enfance, et n'avait qu'une influence très-secondaire.

Aujourd'hui celui qui montrera le plus de capacité en administration, celui qui saura le mieux combiner les intérêts des diverses classes de producteurs, celui qui saura donner le plus d'activité à la production; enfin, celui qui saura faire passer le plus promptement le pouvoir des mains des oisifs dans celles des travailleurs, sera celui qui montrera le plus de capacité en politique; ce sera celui qui conduira les affaires publiques.

La France est devenue une grande manufacture, et la Nation française un grand atelier. Cette manufacture générale doit être dirigée de la même manière que les fabriques particulières.

Or, les travaux les plus importants dans les manufactures, consistent d'abord à établir les procédés de fabrication, ensuite à combiner les intérêts des entrepreneurs avec ceux des ouvriers, d'une part, et de l'autre, avec ceux des consommateurs. Le soin d'empêcher les vols et les autres désordres dans les ateliers, en un mot, le soin de gouverner ces ateliers, n'est considéré que comme un travail tout à fait secondaire, et il est confié à des subalternes.

Sous l'ancien régime, la subordination, en France, était établie et maintenue par les baïonnettes : elle ne peut plus résulter aujourd'hui que de l'infériorité sentie par les ouvriers de leurs moyens pécuniaires et de leur capacité à l'égard de la capacité et des capitaux des entrepreneurs.

Il est devenu absolument impossible à la royauté de suivre plus longtemps ses anciens errements. Cette institution doit nécessairement changer de nature, de caractère et d'allure. La classe qui l'a instituée à son profit n'est plus en état de la soutenir, et la classe qui peut et qui veut la soutenir, entend, comme de raison, que l'action de la Royauté s'exerce dans son intérêt.

Le Roi doit se considérer maintenant comme

le chef des producteurs de son royaume ; il doit employer tout son pouvoir, toute son autorité à faire disparaître les obstacles qui empêchent l'industrie de prendre le plus grand essor dont elle soit susceptible. Sa Majesté doit faire un grand acte de vigueur ; elle doit anéantir l'existence politique des courtisans, et ne plus voir en eux que des subalternes, parce qu'ils ne remplissent que des fonctions de domesticité. Le Roi doit supprimer l'ancienne et la nouvelle noblesse ; il doit déconsidérer la classe des désœuvrés subalternes, à laquelle on a donné le nom de bourgeois, qui, de même que les nobles, doivent être envisagés comme des sangsues du peuple, puisque, de même que ceux-ci, ils s'efforcent d'obtenir des places pour eux et pour leurs enfants, afin de vivre aux dépens de la Nation.

Un garde national disait plaisamment l'autre jour :

« La Nation se trouve établie sur trois rangs.
» La noblesse compose le premier, les bourgeois
» le second et les industriels le troisième. Que
» le Roi commande demi-tour à droite, et la
» Nation se trouvera en bataille dans l'ordre que

» les progrès de la civilisation ont rendus natu-
» rels. »

Monsieur,

Le Roi peut reconstituer la royauté; il peut rendre à cette institution toute la vigueur de la jeunesse. Pour atteindre ce but, voici, à ce que nous croyons, les mesures qu'il doit prendre :

1° Établir un Conseil d'administration générale des affaires publiques, et lui donner le titre de *Conseil royal et national suprême;*

2° Composer ce Conseil des fabricants d'objets de culture, d'objets ouvragés, des négociants et des banquiers les plus importants, dans la proportion de 25 à 30 personnes;

3° Ordonner que ce Conseil s'assemblera tous les ans pendant le temps nécessaire pour former le projet de budget;

Que ce Conseil lui rendra compte du bon ou mauvais usage que les ministres auront fait des fonds qui leur auront été accordés par le budget précédent;

Que ce Conseil communiquera directement et sans aucun intermédiaire avec Sa Majesté, de manière que les ministres ne seront plus que les agents de ce Conseil, qui se trouvera être le Conseil intime du Roi.

Dès que le pouvoir administratif sera, par ce moyen, superposé au pouvoir de gouverner, et à tous les autres pouvoirs, quel que soit le nom qu'ils portent, la métamorphose de la royauté commencera à s'opérer, et on verra cette institution se dépouiller successivement du caractère féodal pour se revêtir du caractère industriel.

Nous avons l'honneur d'être, etc[1].

---

1. Cette Lettre est déjà signée par plusieurs industriels importants; les personnes qui jugeront à propos de la signer sont invitées à faire connaître leurs intentions, par écrit, en s'adressant chez M. Saint-Simon, rue de Richelieu, n° 34.

La liste des signatures ne sera publiée que dans plusieurs mois; ce temps ayant paru nécessaire, d'une part, pour que MM. les industriels aient pu examiner à loisir si l'opinion contenue dans cette Lettre est bien conforme à leurs intérêts, ainsi qu'à ceux du Roi, et d'une autre part, pour que j'aie eu le temps de développer cette opinion dans d'autres écrits, ce qui facilitera les moyens de la juger.

NOUVEAU

CHRISTIANISME

NOUVEAU CHRISTIANISME

DIALOGUES

ENTRE

UN CONSERVATEUR ET UN NOVATEUR

PREMIER DIALOGUE

> Celui qui aime les autres a accompli la loi. Tout est compris en abrégé dans cette parole : tu aimeras ton prochain comme toi-même.
>
> SAINT PAUL, *Épître aux Romains.*

1825

AVANT-PROPOS

Le morceau que l'on va lire était destiné à faire partie du deuxième volume des *Opinions littéraires, philosophiques et industrielles;* mais l'objet qui s'y trouve traité est tellement important en lui-même, et à cause des circonstances politiques actuelles, qu'il a été jugé convenable de le publier séparément, et dès à présent.

Rappeler les peuples et les rois au véritable esprit du Christianisme, alors même qu'on s'en écarte le plus, que des lois sur le *sacrilége* sont promulguées, et que les catholiques et les protestants, en Angleterre, cherchent les moyens de terminer une lutte longue et pénible ; en même temps, essayer de préciser l'action du sentiment religieux dans la société, quand tous l'éprouvent, ou du moins sentent le besoin de le respecter dans les autres ; quand les écrivains les plus distingués s'occupent d'en déterminer l'origine, les formes et les progrès, et que, d'une autre part, la théologie cherche à l'étouffer sous le poids de la superstition : tel est le but principal qu'on s'est proposé dans les dialogues suivants.

Les ministres des différentes sectes chrétiennes qui se regardent réciproquement comme hérétiques, et qui, dans le sens vrai et moral du Christianisme, le sont tous à différents degrés, ces ministres, disons-nous, ne manqueront pas de se récrier contre une semblable accusation, et contre l'écrit où elle est développée ; mais ce n'est point principalement à eux que s'adresse cet écrit, il s'adresse à tous ceux qui, classés, soit comme catholiques, soit comme protestants luthériens, ou protestants réformés, ou anglicans, soit même comme israélites, regardent la religion comme ayant pour objet essentiel la morale ; à tous les hommes qui admettant la plus grande liberté de culte et de dogme, sont loin cependant de regarder la morale avec des yeux d'indifférence, et qui sentent le besoin continuel de l'épurer, de la perfectionner, et d'étendre son empire sur toutes les classes de la société en lui conservant un caractère religieux; à tous les hommes enfin qui ont saisi ce qu'il y a de vraiment sublime, de divin, dans le premier Christianisme, la supériorité de la morale sur tout le reste de la loi, c'est-à-dire sur le culte et le dogme, et qui comprennent en même temps que le culte et le dogme ont pour but de fixer l'attention de tous les fidèles sur la morale divine. De ce point de vue, les critiques du catholicisme, du protestantisme, et des autres sectes chrétiennes, deviennent indispensables, puisqu'il est prouvé qu'aucune de ces sectes n'a accompli les vues du fondateur du Christianisme.

Ce désir d'épurer la morale, de simplifier le culte et le dogme, pousse beaucoup de personnes à proposer une secte particulière du protestantisme, par exemple la religion dite *réformée*, comme le passage inévitable à un nouvel ordre de choses religieux, ou même comme un choix définitif; elles fondent leur opinion sur ce que cette religion particulière se rapproche davantage de l'esprit du Christianisme que toutes les autres, et certes elles s'élèveront pour repousser tous les traits qu'elles croiront lancés contre le protestantisme.

Il n'y a qu'un mot à répondre à cet argument :

l'espèce humaine n'est point condamnée à l'imitation ; et il arrive bien souvent que, lorsque nous apprécions complétement l'avantage qu'il y a eu, à une époque antérieure, d'adopter telle opinion, telle institution, cette approbation, pour ce qui a été fait, doit marcher de front avec l'établissement d'une opinion, d'une institution encore supérieure, et toute erreur à cet égard est à la fois et nuisible et passagère.

Quant aux personnes qui n'envisagent les idées sur la Divinité et sur la révélation que comme des formules qui ont pu avoir quelque utilité à des époques d'ignorance et de barbarie, et qui trouveront anti-philosophique l'emploi de semblables formules au XIXe siècle ; ces personnes, qui, *d'un rire voltairien*, croiront pouvoir réfuter l'auteur de cet écrit, chercheront probablement dans leurs systèmes prétendus philosophiques une formule de morale plus générale, plus simple et plus populaire que la formule chrétienne ; et si elles ne trouvaient à lui substituer que la raison pure et la loi naturelle, révélée au fond des cœurs, elles ne soutiendraient plus sans doute une discussion de mots ; d'ailleurs elles ne tarderaient pas à s'apercevoir combien il y a de vague et d'incertitude dans leur langage. Si elles pouvaient enfin douter de l'excellence surhumaine du principe chrétien, au moins devraient-elles le respecter comme le principe le plus général que les hommes aient jamais employé, comme la théorie la plus élevée qui ait été produite depuis dix-huit siècles.

NOUVEAU CHRISTIANISME

DIALOGUES

ENTRE

UN CONSERVATEUR ET UN NOVATEUR

PREMIER DIALOGUE.

—

Le Conservateur. Croyez-vous en Dieu?

Le Novateur. Oui, je crois en Dieu.

Le C. Croyez-vous que la religion chrétienne ait une origine divine?

Le N. Oui, je le crois.

Le C. Si la religion chrétienne est d'origine divine, elle n'est point susceptible de perfectionnement; cependant vous excitez par vos écrits les artistes, les industriels et les savants, à perfectionner cette religion : vous entrez donc en contradiction avec vous-même, puisque votre opinion et votre croyance se trouvent en opposition.

Le N. L'opposition que vous croyez remarquer entre mon opinion et ma croyance n'est qu'apparente ; il faut distinguer ce que Dieu a dit personnellement de ce que le clergé a dit en son nom.

Ce que Dieu a dit n'est certainement pas perfectible, mais ce que le clergé a dit au nom de Dieu compose une science susceptible de perfectionnement, de même que toutes les autres sciences humaines. La théorie de la théologie a besoin d'être renouvelée à certaines époques, de même que celle de la physique, de la chimie et de la physiologie.

Le C. Quelle est la partie de la religion que vous croyez divine? quelle est celle que vous considérez comme étant humaine?

Le N. Dieu a dit : *Les hommes doivent se conduire en frères à l'égard les uns des autres;* ce principe sublime renferme tout ce qu'il y a de divin dans la religion chrétienne.

Le C. Quoi! vous réduisez à un seul principe ce qu'il y a de divin dans le Christianisme!...

Le N. Dieu a nécessairement tout rapporté à un seul principe ; il a nécessairement tout déduit du même principe ; sans quoi sa volonté à l'égard des hommes n'aurait point été systématique. Ce serait un blasphème de prétendre que le Tout-Puissant ait fondé sa religion sur plusieurs principes.

Or, d'après ce principe que Dieu a donné aux hommes pour règle de leur conduite, ils doivent organiser leur société de la manière qui puisse être la plus avantageuse au plus grand nombre ; ils doivent se proposer pour but dans tous leurs travaux, dans toutes leurs actions, d'améliorer le plus promptement et le plus complétement possible l'existence morale et physique de la classe la plus nombreuse.

Je dis que c'est en cela et en cela seulement que consiste la partie divine de la religion chrétienne.

Le C. J'admets que Dieu n'ait donné aux hommes qu'un seul principe ; j'admets qu'il leur ait commandé d'organiser leur société de manière à garantir à la classe la plus pauvre l'amélioration la plus prompte et la plus complète de son existence morale et physique : mais je vous ferai observer que Dieu a laissé des guides à l'espèce humaine. Avant de remonter au ciel, Jésus-Christ a chargé ses apôtres et leurs successeurs de diriger la conduite des hommes, en leur indiquant les applications qu'ils devaient faire du principe fondamental de la morale divine, et en leur facilitant les moyens d'en tirer les conséquences les plus justes.

Reconnaissez-vous l'église pour une institution divine ?

Le N. Je crois que Dieu a fondé lui-même l'église chrétienne ; je suis pénétré du plus profond respect et de la plus grande admiration pour la conduite des Pères de cette église.

Ces chefs de l'église primitive ont prêché franchement l'union à tous les peuples ; ils les ont engagés à vivre entre eux d'une manière pacifique ; ils ont déclaré positivement et avec la plus grande énergie aux hommes puissants que leur premier devoir était d'employer tous leurs moyens à la plus prompte amélioration possible de l'existence morale et physique des pauvres.

Ces chefs de l'église primitive ont fait le meilleur de tous les livres qui ait jamais été publié, *le catéchisme primitif,* dans lequel ils ont partagé les actions des hommes en deux classes, les bonnes et les mauvaises, c'est-à-dire celles qui sont conformes au principe fondamental de la morale divine, et celles qui sont contraires à ce principe.

Le C. Précisez davantage votre idée, et dites-moi si vous regardez l'église chrétienne comme infaillible.

Le N. Dans le cas où l'église a pour chefs les hommes les plus capables de diriger les forces de la société vers le but divin, je crois que l'église peut sans inconvénient être réputée infaillible, et que la société agit sagement en se laissant conduire par elle.

Je considère les Pères de l'église comme ayant été infaillibles pour l'époque où ils ont vécu, tandis que le clergé me paraît aujourd'hui, de tous les corps constitués, celui qui commet les plus grandes erreurs, les erreurs les plus nuisibles à la société; celui dont la conduite se trouve le plus directement en opposition avec le principe fondamental de la morale divine.

Le C. La religion chrétienne se trouve donc, selon vous, dans une bien mauvaise situation?

Le N. Bien au contraire; jamais il n'a existé un si grand nombre de bons chrétiens; mais aujourd'hui ils appartiennent presque tous à la classe des laïques. La religion chrétienne a perdu, depuis le quinzième siècle, son unité d'action.

Depuis cette époque il n'existe plus de clergé chrétien ; tous les clergés qui cherchent aujourd'hui à enter leurs opinions, leurs morales, leurs cultes et leurs dogmes sur le principe de morale que les hommes ont reçu de Dieu sont hérétiques, puisque leurs opinions, leurs morales, leurs dogmes et leurs cultes se trouvent plus ou moins en opposition avec la morale divine ; le clergé qui est le plus puissant de tous est aussi celui de tous dont l'hérésie est la plus forte.

Le C. Que deviendra la religion chrétienne si, comme vous le pensez, les hommes chargés du soin de l'enseigner sont devenus hérétiques ?

Le N. Le Christianisme deviendra la religion universelle et unique ; les Asiatiques et les Africains se convertiront ; les membres du clergé européen deviendront bons chrétiens, ils abandonneront les différentes hérésies qu'ils professent aujourd'hui. La véritable doctrine du Christianisme, c'est-à-dire la doctrine la plus générale qui puisse être déduite du principe fondamental de la morale divine, sera produite, et aussitôt cesseront les différences qui existent dans les opinions religieuses.

La première doctrine chrétienne n'a donné à la société qu'une organisation partielle et très-incomplète. Les droits de César sont restés indépendants des droits attribués à l'église. *Rendez à César ce qui appartient à César;* telle est la fameuse maxime qui a séparé ces deux pouvoirs. Le pouvoir temporel a continué de fonder sa puissance sur la loi du plus fort, tandis que l'église a professé que la société ne devait reconnaître comme légitimes que les institutions ayant pour objet l'amélioration de l'existence de la classe la plus pauvre.

La nouvelle organisation chrétienne déduira les institutions temporelles, ainsi que les institutions spirituelles, du principe que *tous les hommes doivent se conduire à l'égard les uns des autres comme des frères.* Elle dirigera toutes les institutions, de quelque nature qu'elles soient, vers l'accroissement du bien-être de la classe la plus pauvre.

Le C. Sur quels faits fondez-vous cette opinion? Qui vous autorise à croire qu'un même principe de morale deviendra le régulateur unique de toutes les sociétés humaines?

Le N. La morale la plus générale, la morale

divine doit devenir la morale unique; c'est la conséquence de sa nature et de son origine.

Le peuple de Dieu, celui qui avait reçu des révélations avant l'apparition de Jésus, celui qui est le plus généralement répandu sur toute la surface du globe, a toujours senti que la doctrine chrétienne, fondée par les Pères de l'Église, était incomplète ; il a toujours proclamé qu'il arriverait une grande époque, à laquelle il a donné le nom de *messiaque,* époque où la doctrine religieuse serait présentée avec toute la généralité dont elle est susceptible; qu'elle réglerait également l'action du pouvoir temporel et celle du pouvoir spirituel, et qu'alors toute l'espèce humaine n'aurait plus qu'une seule religion, qu'une même organisation.

Enfin je conçois clairement la nouvelle doctrine chrétienne, et je vais la produire ; puis je passerai en revue toutes les institutions spirituelles et temporelles qui existent en Angleterre, en France, dans l'Allemagne du Nord et dans celle du Sud; en Italie, en Espagne et en Russie ; dans l'Amérique septentrionale et dans l'Amérique méridionale. Je comparerai les doctrines de ces différentes institutions avec celle qui se déduit directement du principe fondanental de la morale divine, et je ferai facilement comprendre à tous les hommes ayant de la bonne foi et de bonnes intentions que si toutes ces institutions étaient dirigées vers le but de l'amélioration du bien-être moral et physique de la classe la plus pauvre, elles feraient prospérer toutes les classes de la société, toutes les nations, avec la plus grande rapidité possible.

Je suis novateur, parce que je tire des conséquences plus directes, qu'on ne l'avait fait jusqu'à ce jour, du principe fondamental de la morale divine. Vous qui, zélé comme moi pour le bien public, êtes animé d'un esprit de conservation, vous bornez votre tâche à empêcher les hommes de perdre de vue le principe même que je veux développer. Eh bien, réunissons nos efforts ; je vais produire mes idées, combattez-les quand il vous paraîtra que je m'écarterai de la direction donnée aux hommes par le Tout-Puissant.

C'est avec une entière confiance que j'entreprends cette grande œuvre. Le meilleur théologien est celui qui fait les applications les plus générales du principe fondamental de la morale divine ; le meilleur théologien est le véritable pape, il est le vicaire de Dieu sur la terre. Si les conséquences que je vais présenter sont justes, si la doctrine que je vais exposer est bonne, c'est au nom de Dieu que j'aurai parlé.

J'entre en matière. Je commencerai par examiner les différentes religions qui existent aujourd'hui ; je comparerai leurs doctrines avec celle qui se déduit directement du principe fondamental de la morale divine.

DES RELIGIONS.

Le Nouveau Christianisme se composera de parties à peu près semblables à celles qui composent aujourd'hui les diverses associations hérétiques qui existent en Europe et en Amérique.

Le Nouveau Christianisme, de même que les associations hérétiques, aura sa morale, son culte et son dogme ; il aura son clergé, et son clergé aura ses chefs. Mais, malgré cette similitude d'organisation, le Nouveau Christianisme se trouvera purgé de toutes les hérésies actuelles ; la doctrine de la morale sera considérée par les nouveaux chrétiens comme la plus importante ; le culte et le dogme ne seront envisagés par eux que comme des accessoires ayant pour objet principal de fixer sur la morale l'attention des fidèles de toutes les classes.

Dans le Nouveau Christianisme, toute la morale sera déduite directement de ce principe : *Les hommes doivent se conduire en frères à l'égard les uns des autres;* et ce principe, qui appartient au Christianisme primitif, éprouvera une *transfiguration* d'après laquelle il sera présenté comme devant être aujourd'hui le but de tous les travaux religieux.

Ce principe régénéré sera présenté de la manière suivante : *La religion doit diriger la société vers le grand but de l'amélioration la plus rapide possible du sort de la classe la plus pauvre.*

Ceux qui doivent fonder le Nouveau Christianisme et se constituer chefs de la nouvelle église, ce sont les hommes les plus capables de contribuer par leurs travaux à l'accroissement du bien-être de la classe la plus pauvre. Les fonctions du clergé se réduiront à enseigner la nouvelle doctrine chrétienne, au perfectionnement de laquelle les chefs de l'église travailleront sans relâche.

Voilà en peu de mots le caractère que doit développer, dans les circonstances présentes, le véritable Christianisme. Nous allons comparer cette conception d'institution religieuse avec les religions qui existent en Europe et en Amérique; de cette comparaison nous ferons facilement ressortir la preuve que toutes les religions prétendues chrétiennes qui se professent aujourd'hui ne sont que des hérésies, c'est-à-dire qu'elles ne tendent pas directement à l'amélioration la plus rapide possible du bien-être de la classe la plus pauvre, ce qui est le but unique du Christianisme.

DE LA RELIGION CATHOLIQUE.

L'association Catholique, Apostolique et Romaine est la plus nombreuse de toutes les associations religieuses européennes et américaines; elle possède encore plusieurs grands avantages sur toutes les autres sectes auxquelles sont attachés les habitants de ces deux continents.

Elle a succédé immédiatement à l'association chrétienne, ce qui lui donne un certain *vernis* d'orthodoxie.

Son clergé a hérité d'une grande partie des richesses que le clergé chrétien avait conquises dans les nombreuses victoires qu'il remporta pendant quinze siècles, en combattant pour l'aristocratie des talents contre l'aristocratie de la naissance, et en faisant valoir la suprématie religieuse des hommes pacifiques sur les militaires.

Les chefs de l'église Catholique ont conservé la souveraineté de la ville qui, depuis plus de vingt siècles, a constamment dominé le monde; d'abord par la force des armes, ensuite par la toute-puissance de la morale divine; et c'est au Vatican que les jésuites combinent aujourd'hui les moyens de dominer toute l'espèce humaine par un odieux système de mysticités et de ruses.

L'association Catholique, Apostolique et Romaine est incontestablement encore très-puissante, quoiqu'elle soit considérablement déchue depuis le pontificat de Léon X, qui a été son fondateur; mais la force que cette association possède n'est qu'une force matérielle, et ce n'est qu'au moyen de la ruse qu'elle parvient à se soutenir. La force spirituelle, la force de la morale, la force chrétienne, celle que donne la franchise et la loyauté, lui manque entièrement. En un mot, la religion Catholique, Apostolique et Romaine n'est autre chose qu'une hérésie chrétienne; elle n'est qu'une portion du Christianisme dégénéré.

Je dis que les catholiques sont des hérétiques, et je le prouverai : je prouverai que la renaissance du Christianisme anéantira l'inquisition, et qu'elle débarrassera la société des jésuites ainsi que de leurs doctrines machiavéliques.

Le véritable Christianisme commande à tous les hommes de se conduire en frères à l'égard les uns des autres; Jésus-Christ a promis la vie éternelle à ceux qui auraient le plus contribué à l'amélioration de l'existence de la classe la plus pauvre sous le rapport moral et sous le rapport physique.

Ainsi les chefs de l'église chrétienne doivent être choisis parmi les hommes les plus capables de diriger les travaux qui ont pour objet l'accroissement du bien-être de la classe la plus nombreuse; ainsi le clergé doit s'occuper principalement d'enseigner aux fidèles la conduite qu'ils doivent tenir pour accélérer le bien-être de la majorité de la population.

Examinons maintenant comment le sacré collége a été composé depuis Léon X, fondateur de l'église Catholique, Apostolique et Romaine; examinons les connaissances que ce collége exige de la part de ceux à qui il accorde la prêtrise; voyons quelles sont les améliorations morales et physiques que la classe pauvre a éprouvées dans les États ecclésiastiques qui devraient servir de modèle à tous les autres gouvernements; examinons enfin en quoi consiste l'enseignement donné par le clergé catholique aux fidèles de sa communion.

Je fais sommation au pape, qui se dit chrétien, qui prétend être infaillible, qui prend le titre de vicaire de Jésus-Christ, de répondre clairement et sans employer aucune locution mystique, aux quatre accusations d'hérésie que je vais porter contre l'église catholique.

J'accuse le pape et son église d'hérésie sous ce premier chef :

L'enseignement que le clergé catholique donne aux laïques de sa communion est vicieux, il ne dirige point leur conduite dans la voie du Christianisme.

La religion chrétienne propose pour but terrestre aux fidèles l'amélioration la plus rapide possible de l'existence morale et physique du pauvre. Jésus-Christ a promis la vie éternelle à ceux qui travailleraient avec le plus de zèle à l'accroissement du bien-être de la classe la plus nombreuse.

Le clergé catholique, de même que tous les autres clergés, a donc pour mission d'exciter l'ardeur de tous les membres de la société vers les travaux d'une utilité générale.

Ainsi tous les clergés doivent user de tous leurs moyens intellectuels et de tous leurs talents pour prouver, dans leurs sermons et dans leurs entretiens familiers, aux laïques de leur croyance, que l'amélioration de l'existence de la dernière classe entraîne nécessairement l'accroissement du bien-être réel et positif des classes supérieures; car Dieu regarde tous les hommes, même les riches, comme ses enfants.

Ainsi les clergés doivent, dans l'enseignement qu'ils donnent aux enfants, dans les prédications qu'ils font aux fidèles, dans les prières qu'ils adressent au ciel, de même que dans toutes les parties de leurs cultes et de leurs dogmes, fixer l'attention de leurs auditeurs sur ce fait important, que *l'immense majorité de la population pourrait jouir d'une existence morale et physique beaucoup plus satisfaisante que celle dont elle a joui jusqu'à ce jour; et que les riches, en accroissant le bonheur des pauvres, amélioreraient leur propre existence.*

Voilà la conduite que le véritable Christianisme dicte au clergé ; il nous sera maintenant facile de mettre en évidence les vices de l'instruction donnée par le clergé catholique à ceux qui suivent sa croyance.

Qu'on parcoure la totalité des ouvrages écrits sur le dogme catholique avec approbation du pape et de son sacré collége, qu'on examine la totalité des prières consacrées par les chefs de l'église, pour être récitées par les fidèles, tant laïques qu'ecclésiastiques, et nulle part on ne trouvera le but de la religion chrétienne clairement désigné : les idées de morale se trouvent en petit nombre dans ces écrits, et elles ne forment point corps de doctrine ; elles sont clair-semées dans cette immense quantité de volumes qui se composent essentiellement des répétitions fastidieuses de quelques conceptions mystiques ; conceptions qui ne peuvent nullement servir de guide, et qui sont au contraire de nature à faire perdre de vue les principes de la sublime morale du Christ.

Il serait injuste de porter l'accusation d'incohérence contre l'immense collection des prières catholiques consacrées par le pape ; on reconnaît que le choix de ces prières a été dirigé par une conception systématique; on reconnaît que le sacré collége a dirigé tous les fidèles vers un même but; mais il est évident que ce but n'est point le but chrétien, c'est un but hérétique, c'est celui de persuader aux laïques qu'ils ne sont point en état de se conduire par leurs propres lumières, et qu'ils doivent se laisser diriger par le clergé, *sans que le clergé soit obligé de posséder une capacité supérieure à celle qu'ils possèdent.*

Toutes les parties du culte, ainsi que tous les principes du dogme catholique, ont évidemment pour objet de faire passer les laïques sous la dépendance la plus absolue du clergé.

La première accusation d'hérésie que je porte contre le pape et contre son église, sur la mauvaise instruction qu'ils donnent aux catholiques, est donc fondée.

J'accuse le pape et les cardinaux d'être hérétiques sous ce second chef :

Je les accuse de ne point posséder les connaissances qui les rendraient capables de diriger les fidèles dans la voie de leur salut ;

Je les accuse de donner une mauvaise éducation aux séminaristes, et de ne point exiger de ceux auxquels ils accordent la prêtrise l'instruction qui leur serait nécessaire pour devenir de dignes pasteurs, des pasteurs capables de bien diriger les troupeaux qui doivent leur être confiés.

La théologie est la seule science qu'on enseigne dans les séminaires; la théologie est la seule science que le pape et les cardinaux se croient obligés de cultiver; la théologie est la science que les chefs du clergé exigent de ceux qui, comme curés, évêques, archevêques, etc., sont destinés à diriger la conduite des fidèles.

Or, je demande ce que c'est que la théologie? et je trouve que c'est la science de l'argumentation sur les questions relatives au dogme et au culte.

Cette science est incontestablement la plus importante de toutes pour les clergés hérétiques, attendu qu'elle leur fournit le moyen de fixer l'attention des fidèles sur des minuties, et de faire perdre de vue aux chrétiens le grand but terrestre qu'ils doivent se proposer pour obtenir la vie éternelle, c'est-à-dire l'amélioration la plus rapide possible de l'existence morale et physique de la classe pauvre.

Mais la théologie ne saurait avoir une grande importance pour un clergé vraiment chrétien, qui doit ne considérer le culte et le dogme que comme des accessoires religieux, ne présenter que la morale comme véritable doctrine religieuse, et n'employer le dogme et le culte que comme des moyens souvent utiles pour fixer sur elle l'attention de tous les chrétiens.

Le clergé romain a été orthodoxe jusqu'à l'avénement de Léon X au trône papal, parce que jusqu'à cette époque il a été supérieur aux laïques dans toutes les sciences dont les progrès ont contribué à l'accroissement du bien-être de la classe la plus pauvre ; depuis, il est devenu hérétique, parce qu'il n'a plus cultivé que la théologie, et qu'il s'est laissé surpasser par les laïques dans les beaux-arts, dans les sciences exactes, et sous le rapport de la capacité industrielle.

L'accusation d'hérésie que je porte contre le pape et contre les cardinaux, à raison du mauvais usage qu'ils font de leur intelligence et de la mauvaise éducation qu'ils donnent aux séminaristes, est donc fondée.

J'accuse le pape de se conduire en hérétique sous ce troisième chef :

Je l'accuse de tenir une conduite gouvernementale, plus contraire aux intérêts moraux et physiques de la classe indigente de ses sujets temporels que celle d'aucun prince laïque envers ses sujets pauvres.

Qu'on parcoure toute l'Europe, et on reconnaîtra que la population des États ecclésiastiques est celle où l'administration des intérêts publics est la plus vicieuse et la plus anti-chrétienne.

Des terrains considérables, qui font partie du domaine de saint Pierre, et qui rapportaient autrefois des récoltes abondantes, se sont convertis en marais pestilentiels par la négligence du gouvernement papal.

Une grande partie du territoire, qui n'a pas été envahie par les eaux, reste sans culture, ce qui ne doit point être attribué à l'ingratitude du sol, mais bien au peu d'avantage que procure la profession de cultivateur dans les États ecclésiastiques : cette profession n'offrant ni considération ni profits suffisants est peu recherchée ; les hommes qui se sentent de la capacité, ou qui possèdent des capitaux, ne s'y livrent point. Le pape s'est réservé le monopole non-seulement de tous les produits importants de la culture, mais encore de tous les objets de première nécessité, et il concède l'exercice de ce monopole à ceux des cardinaux qui parviennent à devenir ses favoris [1].

Enfin il n'existe dans les États ecclésiastiques aucune activité de fabrication, quoique le bon marché de la main-d'œuvre pût y rendre l'établissement de manufactures très-avantageux. Cela tient uniquement aux vices de l'administration.

Toutes les branches d'industrie se trouvent paralysées. Les pauvres manquent de travail, et mourraient de faim si les établissements ecclé-

1. Sous ce rapport fondamental de l'existence sociale, l'administration papale est encore plus vicieuse que celle du grand-turc. Je vais en citer un exemple récent : Un boulanger de Rome a été condamné à une forte amende pour avoir vendu du pain à un prix qui n'était pas légal. Le motif de la condamnation n'était point que le vendeur eût fait tort à l'acquéreur en lui livrant une quantité inférieure à celle qu'il devait recevoir ; la punition avait une cause absolument opposée. La faute punie consistait à s'être rendu coupable de délit envers les vendeurs en traitant trop avantageusement les acheteurs.

L'explication de ce jugement inique est bien facile : la presque-totalité des boulangeries de Rome appartient à des cardinaux, qui ont, par conséquent, intérêt à vendre le pain le plus cher possible, et qui regardent comme un crime tout ce qui diminue leurs bénéfices.

siastiques, c'est-à-dire le gouvernement, ne les nourrissaient pas. Les pauvres, étant nourris par charité, sont mal nourris ; ainsi leur existence est malheureuse sous le rapport physique.

Ils sont encore plus malheureux sous le rapport moral, puisqu'ils vivent dans l'oisiveté, qui est la mère de tous les vices et de tous les brigandages dont ce malheureux pays est infesté.

La troisième accusation d'hérésie que je porte contre le pape, à raison de la manière vicieuse et anti-chrétienne dont il gouverne ses sujets temporels, est donc fondée.

J'accuse le pape et tous les cardinaux actuels, j'accuse tous les papes et tous les cardinaux qui ont existé depuis le quinzième siècle, d'être et d'avoir été hérétiques sous ce quatrième chef :

Je les accuse d'abord d'avoir consenti à la formation de deux institutions diamétralement opposées à l'esprit du Christianisme, celle de l'inquisition et celle des jésuites; je les accuse ensuite d'avoir, depuis cette époque, accordé, presque sans interruption, leur protection à ces deux institutions.

L'esprit du Christianisme est la douceur, la

bonté, la charité, et, par-dessus tout, la loyauté; ses armes sont la persuasion et la démonstration.

L'esprit de l'inquisition est le despotisme et l'avidité, ses armes sont la violence et la cruauté; l'esprit de la corporation des jésuites est l'égoïsme, et c'est au moyen de la ruse qu'ils s'efforcent d'atteindre leur but, celui d'exercer une domination générale sur les ecclésiastiques aussi bien que sur les laïques.

La conception de l'inquisition a été radicalement vicieuse et anti-chrétienne; quand même les inquisiteurs n'eussent fait périr dans leurs auto-da-fé que des personnes coupables de s'être opposées à l'amélioration de l'existence morale et physique de la classe pauvre, dans ce cas-là même (qui aurait conduit tout le sacré collége sur les bûchers), ils auraient agi en hérétiques, car Jésus n'a point admis d'exception quand il a défendu à son Église d'user de violence. Mais l'hérésie des inquisiteurs n'aurait été que vénielle en comparaison de celle qu'ils ont professée dans leurs atroces fonctions.

Les condamnations prononcées par l'inquisition n'ont jamais eu pour motif que de prétendus délits contre le dogme ou contre le culte, qui n'eussent dû être considérés que comme des fautes légères, et non comme des crimes dignes de la peine capitale.

Ces condamnations ont eu toujours pour objet de rendre le clergé catholique tout-puissant, en sacrifiant la classe des pauvres aux laïques riches et investis du pouvoir, à condition que ces derniers consentiraient eux-mêmes à se laisser dominer sous tous les rapports par les ecclésiastiques.

Quant à la compagnie de Jésus, le célèbre Pascal en a si bien analysé l'esprit, la conduite et les intentions, que je dois me borner à renvoyer les fidèles à la lecture des *Lettres provinciales*. J'ajouterai seulement que la nouvelle compagnie de Jésus est infiniment plus méprisable que l'ancienne, puisqu'elle tend à rétablir la prépondérance du culte et du dogme sur la morale, prépondérance qui avait été anéantie par la révolution, tandis que les premiers jésuites s'efforçaient seulement de prolonger l'existence des abus qui s'étaient introduits dans l'Église à cet égard.

Les anciens jésuites ont défendu un ordre de choses qui existait, les nouveaux entrent en insurrection contre le nouvel ordre de choses, plus moral que l'ancien, qui tend à s'établir.

Les missionnaires actuels sont de véritables ante-christs, puisqu'ils prêchent une morale absolument opposée à celle de l'Évangile. Les apôtres ont été les avocats des pauvres, les missionnaires sont les avocats des riches et des puissants contre les pauvres qui ne trouvent plus de défenseurs que parmi les moralistes laïques.

DE LA RELIGION PROTESTANTE.

L'esprit européen avait pris un grand essor dans le quinzième siècle; de grandes découvertes, de rapides progrès, s'étaient effectués dans toutes les directions d'une utilité positive, et ces découvertes ainsi que ces progrès étaient presque entièrement dus aux travaux des laïques.

La découverte de l'Amérique était due au génie persévérant de Christophe Colomb; des laïques portugais avaient ouvert une nouvelle route vers l'Inde en doublant le cap de Bonne-Espérance; l'imprimerie avait été découverte et perfectionnée par des laïques; le Dante, l'Arioste et le Tasse étaient laïques; Raphaël, Michel-Ange et Léonard de Vinci étaient également laïques; et les trois grandes lois, au moyen desquelles Newton a calculé depuis tous les phénomènes célestes, avaient été inventées par Kepler, qui était laïque.

Les Médicis, qui avaient agrandi et activé le commerce européen, qui avaient perfectionné l'agriculture et la fabrication, étaient laïques ; et ils avaient acquis une importance sociale telle que leur famille s'était élevée au rang des maisons souveraines, et qu'elle jouait un rôle pour ainsi dire prépondérant dans le pouvoir temporel.

Les laïques avaient donc acquis une supériorité positive sur les ecclésiastiques, en même temps que les sciences réputées profanes avaient dépassé les limites dans lesquelles se trouvaient renfermées les conséquences tirées par l'Eglise des principes de morale divine fondés par Jésus. Le pape et les cardinaux ne possédaient plus la capacité suffisante pour diriger le clergé chrétien, et le clergé chrétien ne se trouvait plus en état de conduire la masse des fidèles.

Sous un autre rapport, la cour de Rome perdit à cette époque une grande partie de l'appui qu'elle avait trouvé jusqu'alors dans la classe des plébéiens contre celle des patriciens, et dans la classe des roturiers contre les nobles et contre la puissance féodale.

Le divin fondateur du Christianisme avait recommandé à ses apôtres de travailler sans relâche à élever les dernières classes de la société et à diminuer l'importance de celles qui se trouvaient investies du droit de commander et de faire la loi.

Jusqu'au quinzième siècle, l'Église avait suivi assez exactement cette direction chrétienne ; presque tous les cardinaux et tous les papes avaient été pris dans la classe des plébéiens, et souvent on les avait vus sortir des familles adonnées aux professions les plus subalternes.

Par cette politique, le clergé avait tendu avec persévérance à diminuer l'importance et la considération de l'aristocratie de naissance, et à lui superposer l'aristocratie des talents.

A la fin du quatorzième siècle, le sacré collége change entièrement d'allure ; il renonce à la direction chrétienne pour adopter une politique toute mondaine : le pouvoir spirituel cesse de lutter avec le pouvoir temporel ; il ne s'identifie plus avec les dernières classes de la société, il ne travaille plus à leur donner de l'importance, il ne s'efforce plus de superposer l'aristocratie des talents à celle de la naissance ; il se fait un plan de conduite dont l'objet est de conserver l'importance et les richesses acquises par les travaux de l'Église militante, et d'en jouir sans se donner de peine et sans remplir aucune fonction vraiment utile à la société.

Pour atteindre ce but, le sacré collége se place sous la protection du pouvoir temporel, avec lequel il avait lutté jusqu'alors ; il fait avec les rois ce pacte impie : *Nous emploierons toute l'influence que nous pourrons exercer sur les fidèles pour établir en votre faveur un pouvoir arbitraire; nous vous déclarerons rois par la grâce de Dieu : nous enseignerons le dogme de l'obéissance passive; nous établirons l'inquisition, au moyen de laquelle vous aurez à votre disposition un tribunal qui ne sera soumis à aucune formalité; nous instituerons un nouvel ordre religieux auquel nous donnerons le titre de* Société de Jésus. *Cette société établira un dogme diamétralement opposé à celui du Christianisme; elle se chargera de faire prévaloir aux yeux de Dieu les intérêts des riches et des puissants sur les intérêts des pauvres.*

Nous vous demandons, en échange des services que nous vous rendrons, en échange de la dépendance dans laquelle nous consentons à nous mettre à l'égard de votre pouvoir temporel (dont l'origine est impie, puisque ses droits ont été primitivement fondés sur la loi du plus fort), et comme récompense de notre trahison envers la classe la plus pauvre, dont notre divin fondateur nous avait chargés de défendre les intérêts et de faire valoir les droits, nous vous demandons de nous conserver les propriétés qui ont été le fruit des travaux apostoliques de l'Église militante, nous vous demandons d'être maintenus dans la jouissance des priviléges honorifiques et pécuniaires qui lui ont été accordés par vos prédécesseurs.

Ce pacte sacrilége, qui a été conçu par le sacré collége à la fin du quinzième siècle, se trouvait déjà exécuté, quant à ses clauses principales, au commencement du seizième.

Ce fut à cette époque que Léon X monta sur le trône papal, événement très-remarquable dans les fastes de la religion, et qui jusqu'à ce jour n'a point suffisamment fixé l'attention des philosophes chrétiens.

Les premiers chefs de l'Église avaient été nommés par tous les fidèles, et l'unique motif qui détermina leur nomination fut qu'ils étaient regardés comme les plus zélés pour le bien des pauvres, et les plus capables de découvrir les moyens d'améliorer l'existence morale et physique de la classe la plus nombreuse.

Quand les chefs du clergé eurent obtenu la souveraineté de Rome, et qu'ils en eurent fait la capitale du monde chrétien, quand ils eurent centralisé la puissance sacerdotale dans les mains d'un pape, le motif qui détermina les élections des pontifes fut principalement que le candidat auquel le sacré collége accordait la préférence était celui qui possédait au plus haut degré la capacité nécessaire pour écraser l'aristocratie de la naissance sous le poids de l'aristocratie des talents.

Mais les motifs qui déterminèrent l'élection de Léon X furent différents, et même opposés à ceux qui avaient guidé les électeurs précédents, dont les intentions avaient été plus ou moins chrétiennes : les cardinaux, dans cette occasion, agirent conformément au plan de conduite qu'ils avaient adopté, et que j'ai exposé ci-dessus ; ils se proposèrent uniquement pour but de conserver au clergé ses richesses et d'accroître ses jouissances mondaines.

Léon X était de la pâte dont les rois sont

faits, et par conséquent il n'était point propre à faire un pape : en effet, toute sa conduite démontra qu'il prisait beaucoup plus ses droits de naissance que ceux qu'il tenait de la papauté ; il organisa le service d'honneur auprès de sa personne sur le pied d'une cour ayant un chef laïque. Sa sœur eut à Rome une maison et un entourage de princesse, non pas à raison de sa proche parenté avec le pape, mais en sa qualité de fille du prince laïque le plus important de l'Italie.

Léon X protégea les poètes, les peintres, les architectes, les sculpteurs et les savants ; il protégea tous les Grecs érudits qui se réfugièrent à cette époque en Italie ; mais ce fut en prince temporel qu'il les protégea, et uniquement pour se procurer des jouissances, et pour donner un lustre mondain à son règne. Un véritable pape aurait profité de l'essor que l'esprit européen prenait à cette époque dans toutes les directions importantes, pour combiner les efforts des savants, des artistes et des chefs des grandes entreprises industrielles, avec les intérêts du clergé et avec ceux des pauvres, contre les prétentions héréditaires du pouvoir temporel, dont l'origine est impie, ainsi que je l'ai dit plus haut, puisque ses droits primitifs ont été fondés sur le droit de conquête, c'est-à-dire sur la loi du plus fort.

Les premières indulgences avaient été accordées en récompense de travaux utiles à la société, tels que les constructions de ponts, de grands chemins, etc.; les indulgences accordées postérieurement avaient été octroyées aux fidèles à une époque où le pouvoir papal, ayant acquis de grandes richesses et une autorité temporelle, avait déjà commencé à se démoraliser : les papes avaient détourné de leur destination primitive les sommes provenant de la vente des indulgences, et ils les avaient employées à satisfaire leurs propres fantaisies ou à seconder l'ambition sacerdotale; mais ils avaient toujours eu soin de donner à leurs actions un but apparent de bien public. Léon X changea entièrement de conduite; il leva le masque, et il déclara publiquement que le produit des indulgences plénières, qu'il chargeait les dominicains de vendre pour le compte du Saint-Siége, serait employé aux frais de la toilette de sa sœur.

Léon X entreprit d'exploiter la papauté comme si elle avait été une puissance essentiellement temporelle; il voulait imposer tous les fidèles de la même manière qu'il aurait pu le faire s'il eût exercé à leur égard les droits d'un prince laïque.

Dans ses rapports diplomatiques avec Charles-Quint, Léon X traita beaucoup plus en prince de la maison de Médicis, qu'en pape. Il en résulta que la papauté n'inspira plus d'inquiétude à l'Empereur, et que Charles-Quint ne se sentant plus contenu par la force ecclésiastique, qui pouvait seule opposer une barrière à l'ambition des princes laïques, conçut le projet d'établir à son profit une monarchie universelle, projet qui a été renouvelé par Louis XIV et par Bonaparte, tandis qu'aucun des princes européens laïques, depuis Charlemagne jusqu'au seizième siècle, n'en avait tenté l'exécution.

Telle était la situation dans laquelle se trouvait la seule religion qui existât alors en Europe, lorsque Luther commença son insurrection contre la cour de Rome.

Les travaux de ce réformateur se divisèrent naturellement en deux parties : l'une critique, à l'égard de la religion papale; l'autre, ayant pour objet l'établissement d'une religion distincte de celle que dirigeait la cour de Rome.

La première partie des travaux de Luther a pu être et a été complète. Par sa critique de la cour de Rome, Luther a rendu un service capital à la civilisation; sans lui, le papisme eût complétement asservi l'esprit humain aux idées superstitieuses, en faisant totalement perdre de vue la morale. C'est à Luther qu'on doit la dissolution d'un pouvoir spirituel qui n'était plus en rapport avec l'état de la société. Mais Luther ne pouvait combattre les doctrines ultramontaines sans essayer de réorganiser lui-même la religion chrétienne. C'est dans cette seconde partie de sa réforme, c'est dans la partie organique de ses travaux que Luther a laissé beaucoup à faire à ses successeurs : la religion protestante, telle que Luther l'a conçue, n'est encore qu'une hérésie chrétienne. Certainement Luther avait raison de dire que la cour de Rome avait quitté la direction donnée par Jésus à ses apôtres; certainement il avait raison de proclamer que le culte et le dogme établis par les papes n'étaient point propres à fixer l'attention des fidèles sur la morale chrétienne, et qu'au contraire ils étaient de nature à ne les faire considérer que comme un accessoire de la religion; mais de ces deux vérités incontestables Luther n'avait pas le droit de conclure que la morale devait être enseignée aux fidèles de son temps de la même manière qu'elle l'avait été par les Pères de l'Église à leurs contemporains ; il n'avait pas non plus le droit d'en tirer la conséquence que le culte devait être dépouillé de tous les charmes dont les beaux-arts peuvent l'enrichir.

La partie dogmatique de la réforme de Luther a été manquée ; cette réforme a été incomplète, elle a besoin de subir elle-même une réformation.

J'accuse les luthériens d'être hérétiques sous ce premier chef :

Je les accuse d'avoir adopté une morale qui est très-inférieure à celle qui peut convenir aux chrétiens dans l'état actuel de leur civilisation.

L'opinion publique des Européens étant favorable au protestantisme, tandis qu'elle est contraire au catholicisme, je dois établir la démonstration de l'hérésie protestante avec une grande sévérité, ce qui m'oblige à traiter cette question d'une manière très-générale.

Jésus avait donné à ses apôtres et à leurs successeurs la mission d'organiser l'espèce humaine de la manière la plus favorable à l'amélioration du sort des pauvres ; il avait recommandé en même temps à son Église de n'employer que les voies de la douceur, que la persuasion et la démonstration pour atteindre ce grand but.

Beaucoup de temps et beaucoup de travaux différents étaient nécessaires pour que cette tâche fût remplie ; ainsi on ne doit pas être surpris de voir qu'elle ne soit pas encore accomplie.

Quelle est la partie de cette tâche qui était échue à Luther ? Comment Luther s'en est-il acquitté ? Voilà les deux points que je dois éclaircir.

Pour y parvenir, je vais examiner successivement quatre grands faits :

1° Quel était l'état de l'organisation sociale lorsque Jésus donna à ses apôtres la mission de réorganiser l'espèce humaine ?

2° Quel était l'état de l'organisation sociale à l'époque où Luther opéra sa réforme ?

3° Quelle était la réforme complète dont la religion papale avait besoin pour rentrer dans la direction donnée par Jésus à ses apôtres, lorsque Luther effectua son insurrection contre la cour de Rome ?

4° En quoi consiste la réforme de Luther ?

Ce sera de l'analyse de ces quatre grandes

questions que se déduira naturellement la conclusion que les luthériens sont hérétiques.

1° A l'époque où Jésus confia à ses apôtres la sublime mission d'organiser l'espèce humaine dans l'intérêt de la classe la plus pauvre, la civilisation était encore dans son enfance.

La société était partagée en deux grandes classes; celle des maîtres et celle des esclaves. La classe des maîtres était divisée en deux castes, celle des patriciens qui faisaient la loi et qui occupaient tous les emplois importants, et celle des plébéiens qui devaient obéir à la loi, quoiqu'ils ne l'eussent pas faite, et qui ne remplissaient en général que des emplois subalternes; les plus grands philosophes ne concevaient pas que l'organisation sociale pût avoir d'autres bases.

Il n'existait point encore de système de morale, puisque personne n'avait encore trouvé les moyens de rapporter tous les principes de cette science à un seul principe.

Il n'existait pas encore de système religieux, puisque toutes les croyances publiques admettaient une multitude de dieux, qui inspiraient aux hommes des sentiments différents, et même opposés les uns aux autres.

Le cœur humain ne s'était point encore élevé à des sentiments philanthropiques. Le sentiment patriotique était le plus général qui fût éprouvé par les âmes les plus généreuses, et le sentiment patriotique était extrêmement circonscrit, vu le peu d'étendue des territoires, et le peu d'importance des populations chez les nations de l'antiquité.

Une seule nation, la nation romaine, dominait toutes les autres, et les gouvernait arbitrairement.

Les dimensions de la planète n'étaient point connues, de manière qu'il ne pouvait être conçu aucun plan général d'amélioration pour la propriété territoriale de l'espèce humaine.

En un mot, le Christianisme, sa morale, son culte et son dogme, ses partisans et ses ministres, ont commencé par se trouver complétement en dehors de l'organisation sociale, ainsi que des usages et des mœurs de la société.

2°. A l'époque où Luther opéra sa réforme, la civilisation avait fait de grands progrès ; depuis l'établissement du Christianisme, la société avait entièrement changé de face; l'organisation sociale se trouvait fondée sur de nouvelles bases.

L'esclavage était presque entièrement aboli;

les patriciens ne possédaient plus exclusivement le droit de faire les lois; ils n'exerçaient plus tous les emplois importants; le pouvoir temporel, impie dans son essence, ne dominait plus le pouvoir spirituel, et le pouvoir spirituel n'était plus dirigé par les patriciens. La cour de Rome était devenue la première cour de l'Europe; depuis l'établissement de la papauté, tous les papes et presque tous les cardinaux étaient sortis de la classe des plébéiens; l'aristocratie des talents primait l'aristocratie des richesses, ainsi que l'aristocratie fondée sur les droits de la naissance.

La société possédait un système religieux et un système de morale combinés ensemble, puisque l'amour de Dieu et du prochain donnait le caractère unitaire aux sentiments les plus généraux des fidèles.

C'était le Christianisme qui était devenu la base de l'organisation sociale; il avait remplacé la loi du plus fort; le droit de conquête n'était plus considéré comme le plus légitime de tous les droits.

L'Amérique avait été découverte; et l'espèce humaine, connaissant toute l'étendue de ses possessions territoriales, se trouvait en mesure de faire un plan général des travaux à exécuter pour tirer le plus grand parti possible de sa planète.

Les capacités pacifiques s'étaient développées, elles avaient acquis en même temps de la précision ; les beaux-arts venaient de renaître; les sciences d'observation, ainsi que l'industrie, venaient de prendre leur essor.

Le sentiment philanthropique, qui est la véritable base du Christianisme, avait remplacé le patriotisme dans tous les cœurs généreux ; si tous les hommes n'agissaient pas à l'égard de leurs semblables comme des frères, du moins ils admettaient tous qu'ils devaient se regarder comme les enfants d'un même père.

3°. Si la réforme de Luther avait pu être complète, Luther aurait produit, aurait proclamé la doctrine suivante; il aurait dit au pape et aux cardinaux :

« Vos devanciers ont suffisamment perfec-
» tionné la théorie du Christianisme; ils ont suffi-
» samment propagé cette théorie ; les Européens
» en sont suffisamment imbus : c'est mainte-
» nant de l'application générale de cette doc-
» trine qu'il faut vous occuper. Le véritable

» Christianisme doit rendre les hommes heu-
» reux, non-seulement dans le ciel, mais sur
» la terre.

» Ce n'est plus sur des idées abstraites que
» vous devez fixer l'attention des fidèles ; c'est
» en employant convenablement les idées sen-
» suelles, c'est en les combinant de manière
» à procurer à l'espèce humaine le plus haut
» degré de félicité qu'elle puisse atteindre pen-
» dant sa vie terrestre, que vous parviendrez à
» constituer le Christianisme religion générale,
» universelle et unique.

» Il ne faut plus vous borner à prêcher aux
» fidèles de toutes les classes que les pauvres
» sont les enfants chéris de Dieu ; il faut que
» vous usiez franchement et énergiquement de
» tous les pouvoirs et de tous les moyens acquis
» par l'église militante, pour améliorer prompte-
» ment l'existence morale et physique de la
» classe la plus nombreuse. Les travaux préli-
» minaires et préparatoires du Christianisme
» sont terminés ; vous avez à remplir une tâche
» bien plus satisfaisante que celle qu'ont accom-
» plie vos prédécesseurs. Cette tâche consiste à
» établir le Christianisme général et définitif ; elle
» consiste à organiser toute l'espèce humaine

» d'après le principe fondamental de la morale
» divine.

» Pour remplir cette tâche, vous devez donner
» ce principe pour base et pour but à toutes les
» institutions sociales.

» Les apôtres ont dû reconnaître le pouvoir
» de César ; ils ont dû dire « *Rendez à César*
» *ce qui appartient à César*, » parce que,
» ne pouvant point disposer d'une force suffi-
» sante pour lutter avec lui, ils ont dû éviter de
» s'en faire un ennemi.

» Mais aujourd'hui la position respective du
» pouvoir spirituel et du pouvoir temporel étant
» totalement changée, grâce aux travaux de l'église
» militante, vous devez déclarer aux successeurs
» de César que le Christianisme ne leur recon-
» naît plus le droit de commander aux hommes,
» droit fondé sur la conquête, c'est-à-dire sur la
» loi du plus fort.

» Vous devez déclarer à tous les Rois que le
» seul moyen de rendre la royauté légitime con-
» siste à la considérer comme une institution
» dont l'objet est d'empêcher les riches et les
» puissants d'opprimer les pauvres ; vous devez
» leur déclarer qu'ils ont pour devoir unique
» d'améliorer l'existence morale et physique de

» la classe la plus nombreuse, et que toute dé-
» pense ordonnée par eux dans l'administration
» de la fortune publique, si elle n'est pas stric-
» tement nécessaire, est de leur part un crime
» qui les constitue les ennemis de Dieu.

» Vous possédez toutes les forces nécessaires
» pour contraindre le pouvoir temporel à admet-
» tre cette application du Christianisme ; car
» votre suprématie est reconnue par toutes les
» puissances, et vous pouvez disposer du clergé
» répandu sur toute la surface de l'Europe. Or,
» le clergé exercera toujours une influence pré-
» pondérante sur les institutions temporelles de
» tous les peuples, quand il travaillera d'une
» manière positive à améliorer l'existence de la
« classe pauvre, qui est partout la plus nom-
» breuse.

» Je passe à l'examen d'une autre question, et
» je vous blâme, très-saint Père, sous ce second
» rapport :

» Toutes les fois que deux nations chrétiennes
» sont en guerre, elles ont tort toutes les deux,
» puisque le divin fondateur du Christianisme a
» prescrit à tous les hommes de se conduire à
» l'égard les uns des autres comme des frères,
» et qu'il leur a défendu d'employer d'autres

» moyens pour terminer leurs différends que ceux » de la persuasion et de la démonstration.

» Vous devriez employer tout votre pouvoir » papal, toute l'influence des clergés nationaux, » à empêcher les guerres; et loin de vous con- » duire de cette manière, vous permettez que » les clergés des nations belligérantes invoquent » chacun de leur côté le Dieu des armées, qui » ne peut être qu'une divinité du paganisme; » vous permettez qu'à la suite des combats on » chante des *Te Deum* des deux côtés : votre » conduite à cet égard, comme celle du clergé, » est tout à fait impie.

» C'est l'union qui fait la force; une société » dont les membres entrent en opposition les » uns contre les autres, tend à sa dissolution; » hâtez-vous de rappeler le clergé à l'unité d'ac- » tion.

» Il est une autre unité bien plus importante » à établir; je veux parler de l'unité de but » pour les travaux des chrétiens, pour ceux de » toute l'espèce humaine. C'est un but bien clair, » bien général, bien positif, bien physique, que » vous devez présenter aux hommes pour rendre » le Christianisme prépondérant sur le Maho- » métisme, sur la religion de Foë, sur celle de

» Brahma, sur toutes les religions enfin, ainsi que » sur toutes les institutions temporelles.

» Le but général que vous devez présenter » aux hommes dans leurs travaux, c'est l'amé- » lioration de l'existence morale et physique de » la classe la plus nombreuse, et vous devez » produire une combinaison d'organisation so- » ciale propre à favoriser davantage cet ordre » de travaux et à assurer sa prépondérance » sur tous les autres, de quelque importance » qu'ils puissent paraître.

» Pour améliorer le plus rapidement possible » l'existence de la classe la plus pauvre, la » circonstance la plus favorable serait celle où » il se trouverait une grande quantité de tra- » vaux à exécuter et où ces travaux exigeraient » le plus grand développement de l'intelligence » humaine. Vous pouvez créer cette circon- » stance ; maintenant que la dimension de notre » planète est connue, faites faire par les savants, » par les artistes et les industriels un plan » général de travaux à exécuter pour rendre la » possession territoriale de l'espèce humaine la » plus productive possible et la plus agréable à » habiter sous tous les rapports.

» La masse immense de travaux que vous

» déterminerez sur-le-champ, contribuera plus
» efficacement à l'amélioration du sort de la
» classe pauvre que ne pourraient le faire les
» aumônes les plus abondantes ; et par ce
» moyen les riches, loin de s'appauvrir par des
» sacrifices pécuniaires, s'enrichiront en même
» temps que les pauvres.

» Jusqu'à présent le clergé n'a donné aux
» fidèles, pour l'emploi de leur vie, qu'un but
» métaphysique : le paradis céleste ; il en est
» résulté que les ecclésiastiques se sont trouvés
» investis de pouvoirs tout à fait arbitraires, et
» dont ils ont abusé de la manière la plus extra-
» vagante et la plus absurde : ainsi les uns ont
» persuadé à leur clients que pour obtenir le
» paradis ils devaient se déchirer le corps à
» coups de discipline ; les autres, que c'était en
» portant un cilice qu'ils devaient se martyriser ;
» d'autres, qu'il fallait se priver de nourriture ;
» d'autres, que c'était du poisson qu'il fallait
» manger, et qu'on devait s'abstenir de viandes ;
» et d'autres, qu'il fallait lire tous les jours
» une effroyable quantité de prières, presque
» toutes insignifiantes, et écrites dans une lan-
» gue ignorée de la très-grande majorité des
» fidèles ; d'autres, qu'il fallait passer une grande

» partie de la journée à genoux dans les églises,
» toutes choses qui ne pouvaient nullement con-
» tribuer à l'amélioration du sort de la classe
» pauvre.

» Cette conduite du clergé a pu et a dû avoir
» lieu à l'époque de l'enfance de la religion ; mais
» aujourd'hui que nos idées à cet égard se sont
» éclaircies et précisées, la prolongation de pa-
» reilles mystifications serait déshonorante pour
» la cour de Rome. Certainement tous les chré-
» tiens aspirent à la vie éternelle, mais le seul
» moyen de l'obtenir consiste à travailler dans
» cette vie à l'accroissement du bien-être de
» l'espèce humaine.

» Très-saint Père, l'espèce humaine éprouve
» dans ce moment une grande crise intellectuelle ;
» trois nouvelles capacités se montrent : les
» beaux-arts reparaissent, les sciences viennent
» se superposer à toutes les autres branches
» de nos connaissances, et les grandes combi-
» naisons industrielles tendent plus directement
» à l'amélioration du sort de la classe pauvre
» qu'aucune des mesures prises jusqu'à ce jour
» par le pouvoir temporel ainsi que par le pou-
» voir spirituel.

» Ces trois capacités sont de l'ordre pacifique ;

» il est par conséquent de votre intérêt, de l'intérêt du clergé, de se combiner avec elles. Au » moyen de cette combinaison, vous pouvez en » peu de temps, et sans éprouver de grands » obstacles, organiser l'espèce humaine de la » manière la plus favorable à l'amélioration de » l'existence morale et physique de la classe » la plus nombreuse. Par ce moyen, le pouvoir » de César, qui est impie dans son origine et » dans ses prétentions, se trouvera complétement anéanti.

» Si, au contraire, vous classez comme impies, » ou au moins peu agréables à Dieu, les beaux » arts, les sciences et les grandes combinaisons » industrielles ; si vous cherchez à prolonger » votre domination sur l'espèce par des moyens » qui ont servi à vos prédécesseurs pour » l'acquérir dans le moyen âge ; si vous » continuez à présenter les idées mystiques » comme les plus importantes de toutes pour » le bonheur de l'espèce humaine, les artistes, » les savants et les chefs de l'industrie se ligueront avec César contre vous ; ils ouvriront les » yeux du vulgaire sur l'absurdité de vos doctrines, sur les monstrueux abus de votre » pouvoir, et vous n'aurez alors d'autres res-

» sources, pour conserver une existence sociale, » que de vous constituer instruments du pouvoir » temporel ; César vous emploiera à vous oppo- » ser aux progrès de la civilisation, en continuant » à fixer l'attention du peuple sur des idées » mystiques et superstitieuses, et en les dé- » tournant le plus qu'il vous sera possible de » toute instruction dans les beaux-arts, dans » les sciences d'observation et dans les combi- » naisons industrielles. Faire respecter le pou- » voir temporel, avec lequel vous avez été en » lutte jusqu'à présent, deviendra votre grande » affaire ; prêcher l'obéissance passive à l'égard » des Rois, établir qu'ils ne doivent compte de » leurs actions qu'à Dieu seul, et que, dans » aucun cas, leurs sujets ne peuvent sans crime » leur refuser obéissance, voilà les travaux au » moyen desquels vous conserverez vos hon- » neurs et vos richesses.

» Il me reste, très-saint Père, à vous parler » d'un objet très-important.

» L'unité papale, qui n'a pas été autre chose » que l'unité de commandement, a été suffisante » pour lier entre elles jusqu'à ce jour les diffé- » rentes classes du clergé, parce que le clergé » lui-même, et à plus forte raison les laïques,

» étaient encore dans l'ignorance ; aujourd'hui, » cette unité ne peut plus former un lien suffi- » sant, il faut que vous établissiez clairement » l'unité du but matériel dans tous les travaux » du clergé ; il faut que la papauté rende publi- » quement compte de chacun de ses actes ; il faut » qu'elle établisse clairement en quoi ces actes « peuvent contribuer à l'amélioration de l'exis- » tence morale et physique de la classe la plus » nombreuse.

» Les papes doivent cesser de faire entrer en » ligne de compte les motifs qu'ils gardent *in* » *petto.* »

4°. Luther était un homme très-énergique et très-capable sous le rapport de la critique ; mais c'est sous ce rapport seulement qu'il a montré une très-grande capacité ; ainsi il a prouvé d'une manière très-nerveuse et très-complète que la cour de Rome avait quitté la direction du Christianisme ; que, d'une part, elle cherchait à se constituer pouvoir arbitraire ; que, d'une autre, elle travaillait à se combiner avec les puissants contre les pauvres, et que les fidèles devaient l'obliger à se réformer.

Mais la partie de ses travaux relative à la réorganisation du Christianisme a été bien inférieure à ce qu'elle aurait dû être : au lieu de prendre les mesures nécessaires pour accroître l'importance sociale de la religion chrétienne, il a fait rétrograder cette religion jusqu'à son point de départ ; il l'a replacée en dehors de l'organisation sociale ; il a par conséquent reconnu que le pouvoir de César était celui dont tous les autres émanaient ; il n'a réservé à son clergé que le droit d'humble supplique à l'égard du pouvoir temporel ; et, par ces dispositions, il a voué les capacités pacifiques à rester éternellement dans la dépendance des hommes à passions violentes et à capacité militaire.

Il a resserré de cette manière la morale chrétienne dans les étroites limites que l'état de la civilisation avait imposées aux premiers chrétiens.

L'accusation d'hérésie que je porte contre les protestants, à raison de la morale qu'ils ont adoptée, morale qui se trouve très en arrière de l'état présent de notre civilisation, est donc fondée.

J'accuse les protestants d'hérésie sous ce second chef :

Je les accuse d'avoir adopté un mauvais culte.

Plus la société se perfectionne au moral et au physique, plus les travaux intellectuels et manuels se subdivisent; ainsi dans l'habitude de la vie, l'attention des hommes se fixe sur des objets d'un intérêt de plus en plus spécial, à mesure que les beaux-arts, que les sciences et que l'industrie font des progrès.

De là il résulte que, plus la société fait de progrès, et plus elle a besoin que le culte soit perfectionné; car le culte a pour objet d'appeler l'attention des hommes, régulièrement assemblés au jour de repos, sur les intérêts qui sont communs à tous les membres de la société, sur les intérêts généraux de l'espèce humaine.

Le réformateur Luther, et, depuis sa mort, les ministres des églises réformées auraient donc dû rechercher les moyens de rendre le culte le plus propre possible à fixer l'attention des fidèles sur les intérêts qui leur sont communs.

Ils auraient dû rechercher les moyens et les circonstances les plus favorables pour développer complétement aux fidèles le principe fondamental de la religion chrétienne : *tous les hommes doivent se conduire en frères à l'égard les uns des autres*, pour familiariser leur esprit avec ce principe, et les habituer à en faire des applications à toutes les relations sociales, afin de les empêcher de le perdre totalement de vue dans le courant de la vie, quelque spéciaux que soient les objets de leurs travaux journaliers.

Or, pour stimuler l'attention des hommes dans quelque genre d'idées que ce soit; pour les pousser fortement dans une direction, il y a deux grands moyens : il faut exciter en eux la terreur par la vue des maux terribles qui résulteraient pour eux d'une conduite différente de celle qu'on leur prescrit, ou leur présenter l'appât des jouissances résultant nécessairement des efforts faits par eux dans la direction qu'on leur indique.

Pour produire, dans ces deux circonstances, l'action la plus forte et la plus utile, il faut combiner tous les moyens, toutes les ressources que les beaux-arts peuvent offrir.

Le prédicateur appelé, par la nature des choses, à employer l'éloquence, qui est le premier des beaux-arts, doit faire trembler son auditoire par le tableau de la position affreuse dans laquelle se trouve, dans cette vie, l'homme qui a mérité la mésestime publique; il doit même montrer le bras de Dieu levé sur l'homme dont tous les sentiments ne sont pas dominés par celui de la philanthropie.

Ou bien il doit développer dans l'âme de ses auditeurs les sentiments les plus généreux et les plus énergiques, en leur faisant sentir la supériorité des jouissances que fait éprouver l'estime publique sur toutes les autres jouissances.

Les poëtes doivent seconder les efforts des prédicateurs; ils doivent fournir au culte des morceaux de poésie propres à être récités en chœur, de manière à rendre tous les fidèles prédicateurs à l'égard les uns des autres.

Les musiciens doivent enrichir de leurs accords les poésies religieuses, et leur imprimer un caractère musical profondément pénétrant dans l'âme des fidèles.

Les peintres et les sculpteurs doivent fixer dans les temples l'attention des chrétiens sur les actions le plus éminemment chrétiennes.

Les architectes doivent construire des temples de manière que les prédicateurs, que les poëtes et les musiciens, que les peintres et les sculpteurs puissent à volonté faire naître dans l'âme des fidèles les sentiments de la terreur ou ceux de la joie et de l'espérance.

Voilà évidemment les bases qui doivent être données au culte, et les moyens qui doivent être employés pour le rendre utile à la société.

Qu'a fait Luther à cet égard? il a réduit le culte de l'Église réformée à la simple prédication; il a *prosaïqué* le plus qu'il a pu tous les sentiments chrétiens; il a banni de ses temples tous les ornements de peinture et de sculpture; il a supprimé la musique, et il a donné la préférence aux édifices religieux dont les formes sont le plus insignifiantes, et par conséquent le moins propres à disposer favorablement le cœur des fidèles à se passionner pour le bien public.

Les protestants ne manqueront pas de m'objecter que si les catholiques chantent beaucoup, si leurs temples sont décorés des productions des plus grands maîtres dans la peinture ainsi que dans la sculpture, cependant les prédications des ministres réformés produisent sur leurs auditeurs un effet beaucoup plus fructueux pour le bien public que tous les sermons des prêtres catholiques, dont l'objet principal consiste toujours à faire donner aux fidèles de la communion papale le plus d'argent possible pour les frais du culte et pour l'entretien du clergé, et qu'en conséquence de ces faits, il est impossible de nier que leur culte ne soit préférable à celui des catholiques.

A cela je réponds : L'objet de mon travail n'est point de rechercher laquelle des religions Protestante ou Catholique est la moins hérétique ; j'ai entrepris de prouver qu'elles l'étaient toutes les deux, quoiqu'à des degrés différents ; c'est-à-dire que ni l'une ni l'autre n'était la religion chrétienne ; j'ai entrepris de démontrer que depuis le quinzième siècle le Christianisme avait été abandonné ; j'ai entrepris de rétablir le Christianisme en le rajeunissant ; je me propose pour but de faire subir à cette religion (éminemment philanthropique) une épuration qui la débarrasse de toutes les croyances et de toutes les pratiques superstitieuses ou inutiles.

Le Nouveau Christianisme est appelé à faire triompher les principes de la morale générale dans la lutte qui existe entre ces principes et les combinaisons qui ont pour objet d'obtenir un bien particulier aux dépens du bien public ; cette religion rajeunie est appelée à constituer tous les peuples dans un état de paix permanente, en les liguant tous contre la nation qui voudrait faire son bien particulier aux dépens du bien général de l'espèce humaine, et en les coalisant contre tout gouvernement assez antichrétien pour sacrifier les intérêts nationaux aux intérêts privés des gouvernants; elle est appelée à lier entre eux les savants, les artistes et les industriels, et à les constituer les directeurs généraux de l'espèce humaine, ainsi que des intérêts spéciaux de chacun des peuples qui la composent; elle est appelée à placer les beaux-arts, les sciences d'observation et l'industrie à la tête des connaissances sacrées, tandis que les catholiques les ont rangés dans la classe des connaissances profanes; elle est appelée enfin à prononcer anathème sur la théologie, et à classer comme impie toute doctrine ayant pour objet d'enseigner aux hommes d'autres moyens pour obtenir la vie éternelle que celui de travailler de tout leur pouvoir à l'amélioration de l'existence de leurs semblables.

J'ai dit clairement ce que devait être le culte pour remplir le mieux possible la condition d'appeler l'attention des fidèles, aux jours de repos, sur la morale chrétienne.

J'ai prouvé clairement que le culte des protestants était dépourvu des moyens secondaires les plus efficaces pour développer dans l'âme des fidèles la passion du bien public; ainsi j'ai prouvé que cette seconde accusation d'hérésie contre le protestantisme était fondée.

Je porte contre les protestants une troisième accusation d'hérésie :

Je les accuse d'avoir adopté un mauvais dogme.

Dans l'enfance de la religion, à l'époque où les peuples étaient encore plongés dans l'ignorance, leur curiosité ne les excitait que faiblement à l'étude des phénomènes de la nature; l'ambition de l'homme ne s'était pas élevée au point de vouloir maîtriser sa planète et de la modifier de la manière la plus avantageuse pour lui; les hommes avaient alors peu de besoins dont ils eussent clairement conscience; mais ils étaient agités par les passions les plus violentes, fondée sur des désirs et sur des volontés vagues, fondées principalement sur le pressentiment de l'action puissante qu'ils étaient appelés à exercer sur la nature; le commerce, qui depuis a civilisé le monde, n'existait encore qu'en rudiments; chaque petite peuplade se constituait en état d'hostilité à l'égard de tout le surplus de l'espèce humaine, et les citoyens n'étaient liés avec tous les hommes qui n'étaient pas membres de leur cité par aucun lien de morale. Ainsi la philanthropie ne pouvait exister encore à cette époque que comme un sentiment spéculatif.

A cette même époque, toutes les nations étaient divisées en deux grandes classes, celle des maîtres et celle des esclaves; la religion ne pouvait exercer une action puissante que sur les maîtres, puisqu'ils étaient les seuls qui fussent libres d'agir à leur gré ; à cette époque, la morale ne pouvait être que la partie la moins développée de la religion, puisqu'il n'y avait point de réciprocité de devoirs communs entre les deux grandes classes qui divisaient la société ; le culte et le dogme devaient se présenter avec beaucoup plus d'importance que la morale ; les pratiques religieuses, ainsi que les raisonnements sur l'utilité de ces pratiques et des croyances sur lesquelles elles étaient fondées, étaient les parties de la religion qui devaient occuper le plus habituellement les ministres des autels, ainsi que la masse des fidèles.

En mot, la partie matérielle de la religion a joué un rôle d'autant plus considérable que cette institution a été plus près de sa fondation, et la partie spirituelle a toujours acquis de la prépondérance à mesure que l'intelligence de l'homme s'est développée.

Aujourd'hui le culte ne doit plus être envisagé que comme un moyen d'appeler, dans les jours de repos, l'attention des hommes sur les considérations et sur les sentiments philanthropiques, et le dogme ne doit plus être conçu que comme une collection de commentaires, ayant pour objet des applications générales de ces considérations et de ces sentiments aux grands événements politiques qui peuvent survenir, ou pour objet de faciliter aux fidèles les applications de la morale dans les relations journalières qui existent entre eux.

Je vais examiner maintenant ce que Luther a pensé du dogme, ce qu'il en a dit, ce qu'il a prescrit à cet égard aux protestants.

Luther a considéré le Christianisme comme ayant été parfait à son origine, et comme s'étant toujours détérioré depuis l'époque de sa fondation ; ce réformateur a fixé toute son attention sur les fautes commises par le clergé pendant le moyen âge, et il n'a aucunement remarqué les progrès immenses que les ministres des autels avaient fait faire à la civilisation, ni la grande importance sociale qu'ils avaient fait acquérir aux hommes occupés de travaux pacifiques, en diminuant la puissance et la considération du pouvoir temporel, de ce pouvoir impie qui tend par sa nature à soumettre les hommes à l'empire de la force physique, et à gouverner les nations à son profit. Luther a prescrit aux protestants d'étudier le Christianisme dans les livres qui avaient été écrits à l'époque de sa fondation, et particulièrement dans la Bible. Il a déclaré qu'il ne reconnaissait point d'autres dogmes que ceux exposés dans les saintes écritures.

Cette déclaration de sa part a été aussi absurde que le serait celle de mathématiciens, de physiciens, de chimistes, et de tous autres savants qui prétendraient que les sciences qu'ils cultivent doivent être étudiées dans les premiers ouvrages qui en ont traité.

Ce que je viens de dire n'est aucunement en opposition avec la croyance à la divinité du fondateur du Christianisme ; Jésus n'a pu tenir aux hommes que le langage qu'ils pouvaient comprendre à l'époque où il leur a parlé ; il a déposé dans les mains de ses apôtres le germe du Christianisme, et il a chargé son Église du développement de ce germe précieux ; il l'a chargée du soin d'anéantir tous les droits politiques dérivés de la loi du plus fort, et toutes les institutions qui formaient des obstacles à l'amélioration de l'existence morale et physique de la classe la plus pauvre.

C'est en étudiant les effets et en les analysant avec le plus grand soin qu'on acquiert les données suffisantes pour porter sur les causes un jugement ferme et précis. Je vais suivre cette marche, je vais examiner séparément les principaux inconvénients qui sont résultés de l'erreur que Luther a commise en fixant sur la Bible l'attention des protestants d'une manière trop spéciale ; ce sera de cet examen que se déduira naturellement la conclusion que ma troisième accusation d'hérésie contre la religion protestante est fondée.

Quatre inconvénients majeurs sont résultés de l'étude trop approfondie que les protestants ont faite de la Bible :

1°. Cette étude leur a fait perdre de vue les idées positives et d'un intérêt présent ; elle leur a donné le goût des recherches sans but et un grand attrait pour la métaphysique. En effet, dans le nord de l'Allemagne, qui est le foyer du protestantisme, le vague dans les idées et dans les sentiments domine dans tous les écrits des philosophes les plus renommés, et dans ceux des romanciers les plus populaires.

2°. Cette étude salit l'imagination par les souvenirs qu'elle présente de plusieurs vices honteux que la civilisation a fait disparaître, tels que la bestialité et l'inceste à tous les degrés qu'on puisse les concevoir.

3°. Cette étude fixe l'attention sur des désirs politiques contraires au bien public ; elle pousse les gouvernés à établir dans la société une égalité qui est absolument impraticable ; elle empêche les protestants de travailler à la formation du système de politique dans lequel les intérêts généraux seraient dirigés par les hommes les plus capables, dans les sciences d'observation, dans les beaux-arts et dans les combinaisons industrielles : système social le meilleur auquel l'espèce humaine puisse atteindre, puisque c'est celui qui contribuerait le plus directement et le plus efficacement à l'amélioration morale et physique de l'existence des pauvres.

4°. Cette étude porte ceux qui s'y livrent à la considérer comme la plus importante de toutes; de là est résultée la formation des sociétés bibliques, qui répandent tous les ans dans le public des millions d'exemplaires de la Bible.

Au lieu d'employer leurs forces à favoriser la production et la propagation d'une doctrine proportionnée à l'état de la civilisation, ces sociétés prétendues chrétiennes donnent aux sentiments philanthropiques une direction fausse, contraire au bien public; et, croyant servir les progrès de l'esprit humain, le feraient au contraire rétrograder, si la chose était jamais possible.

De ces quatre grands faits, je conclus que ma troisième accusation d'hérésie contre les protestants, à raison du dogme qu'ils ont adopté, est solidement fondée.

J'ai dû critiquer le protestantisme avec la plus grande sévérité, afin de faire sentir aux protestants combien la réforme de Luther a été incomplète, et combien elle est inférieure au Nouveau Christianisme; mais, comme je l'ai énoncé en commençant l'examen des travaux de Luther, je n'en sens pas moins profondément combien, malgré ses nombreuses erreurs, il a rendu de grands services à la société dans la partie critique de sa réforme. D'ailleurs ma critique porte sur le protestantisme regardé par les protestants comme la réforme définitive du Christianisme, elle est bien loin d'attaquer le génie opiniâtre de Luther. Quand on se reporte au temps où il a vécu, aux circonstances qu'il a eues à combattre, on sent qu'il a fait tout ce qu'il était possible de faire alors pour enfanter la réforme et pour la faire adopter. En présentant la morale comme devant fixer l'attention des fidèles bien plus que le culte et le dogme, et quoique la morale protestante n'ait point été proportionnée aux lumières de la civilisation moderne, Luther a préparé la nouvelle réforme de la religion chrétienne. Ce n'est pourtant point comme un perfectionnement du protestantisme qu'on doit considérer le Nouveau Christianisme. La nouvelle formule sous laquelle je présente le principe primitif du Christianisme est complétement en dehors des améliorations de toute espèce que la religion chrétienne a éprouvées jusqu'à ce jour.

Je m'arrête ici. Je pense, monsieur le Conservateur, avoir assez développé mes idées sur la nouvelle doctrine chrétienne pour que vous puissiez, dès à présent, porter sur elle un premier jugement. Dites si vous me croyez bien pénétré de l'esprit du Christianisme, et si mes efforts pour rajeunir cette religion sublime ne sont point de nature à en altérer la pureté primitive.

Le C. J'ai suivi attentivement votre discours; pendant que vous parliez, mes propres idées s'éclaircissaient, mes doutes disparaissaient, et je sentais croître mon amour et mon admiration pour la religion chrétienne; mon attachement au système religieux qui a civilisé l'Europe ne m'a point empêché de comprendre qu'il était possible de le perfectionner, et, sur ce point, vous m'avez entièrement converti.

Il est évident que le principe de morale : *Tous les hommes doivent se conduire en frères à l'égard les uns des autres,* donné par Dieu à son Église, renferme toutes les idées que vous comprenez dans ce précepte ; *Toute la société doit travailler à l'amélioration de l'existence morale et physique de la classe la plus pauvre ; la société doit s'organiser de la manière la plus convenable pour lui faire atteindre ce grand but.*

Il est également certain qu'à l'origine du Christianisme ce principe a dû être exprimé sous la première formule, et qu'aujourd'hui la seconde formule doit être employée.

Lors de la fondation du Christianisme, avez-vous dit, la société se trouvait partagée en deux classes d'une nature politique absolument différente : celle des maîtres et celle des esclaves ; ce qui constituait, en quelque façon, deux espèces humaines distinctes, et cependant entremêlées l'une dans l'autre. Il était absolument impossible alors d'établir une réciprocité complète dans les relations morales entre les deux espèces : aussi le divin fondateur de la religion chrétienne s'est borné à énoncer son principe de morale de manière à le rendre obligatoire pour tous les individus de chaque espèce humaine, sans pouvoir l'établir comme lien pour unir ensemble les maîtres et les esclaves.

Nous vivons à une époque où l'esclavage se trouve complétement anéanti ; il n'existe plus que des hommes de la même espèce politique, les classes ne sont plus séparées que par des nuances : vous concluez de cet état de choses que le principe fondamental du Christianisme doit être présenté sous la formule la plus propre à le rendre obligatoire pour les masses à l'égard les unes des autres, sans que pour cela il cesse de l'être pour les individus dans leurs relations individuelles. Je trouve votre conclusion légitime et de la plus haute importance ; et, dès ce moment, nouveau chrétien, j'unis mes efforts aux vôtres pour la propagation du Nouveau Christianisme.

Mais, à cet égard, j'ai quelques observations à vous faire sur la marche générale de vos travaux. La nouvelle formule sous laquelle vous représentez le principe du Christianisme embrasse tout votre système sur l'organisation sociale ; système qui se trouve appuyé maintenant à la fois sur des considérations philosophiques de l'ordre des sciences, des beaux-arts et de l'industrie, et sur le sentiment religieux le plus universellement répandu dans le monde civilisé, sur le sentiment chrétien.

Eh bien ! ce système, objet de toutes vos pensées, pourquoi ne l'avoir pas présenté d'abord du point de vue religieux, du point de vue le plus élevé et le plus populaire ? Pourquoi vous être adressé aux industriels, aux savants, aux artistes, au lieu d'aller droit au peuple par la religion ? Et, dans ce moment même, pourquoi perdre un temps précieux à critiquer les catholiques et les protestants, au lieu d'établir de suite votre doctrine religieuse ? Voulez-vous qu'on dise de vous ce que vous dites de Luther : *Il a bien critiqué et mal doctriné ?*

Les forces intellectuelles de l'homme sont très-petites ; c'est en les faisant converger vers un but unique, c'est en les dirigeant vers le même point qu'on parvient à produire un grand effet et à obtenir un résultat important. Pourquoi commencez-vous à employer vos forces à critiquer, au lieu de débuter par doctriner ? Pourquoi n'attaquez-vous pas franchement et de prime-abord la question du Nouveau Christianisme ?

Vous avez trouvé le moyen de faire cesser l'indifférence religieuse chez la classe la plus nombreuse ; car les pauvres ne peuvent pas être indifférents pour une religion dont le but proclamé est celui d'améliorer le plus rapidement possible leur existence physique et morale.

Puisque vous êtes parvenu à reproduire le principe fondamental du Christianisme avec un caractère tout-à-fait neuf, votre premier soin ne devait-il pas être de répandre la connaissance de ce principe régénéré dans la classe la plus intéressée à le faire admettre? Et cette classe étant à elle seule infiniment plus nombreuse que toutes les autres réunies, le succès de votre entreprise était infaillible.

Il fallait commencer par vous faire de nombreux partisans pour vous assurer un appui dans votre attaque contre les catholiques et contre les protestants.

Enfin, dès que vous aviez conscience claire de la force, de la fécondité, de l'irrésistibilité de votre conception, vous deviez sur-le-champ l'ériger en doctrine, sans aucune précaution préalable, et sans aucune inquiétude d'en voir la propagation entravée par quelque obstacle politique ou par quelque réfutation importante.

Vous dites : « La société doit être organisée d'après le principe de la morale chrétienne ; toutes les classes doivent concourir de tout leur pouvoir à l'amélioration morale et physique de l'existence des individus composant la classe la plus nombreuse ; toutes les institutions sociales doivent concourir le plus énergiquement et le plus directement possible à ce grand but religieux.

« Dans l'état présent des lumières et de la civilisation, aucun droit politique ne doit plus se présenter comme dérivé de la loi du plus fort pour les individus, du droit de conquête pour les masses ; la royauté n'est plus légitime que lorsque les Rois emploient leur pouvoir à faire concourir les riches à l'amélioration de l'existence morale et physique des pauvres. »

Quels obstacles une pareille doctrine peut-elle encontrer ? Ceux qui sont intéressés à la soutenir ne sont-ils pas infiniment plus nombreux que ceux qui ont intérêt à empêcher son admission ? Les partisans de cette doctrine s'appuient sur le principe de la morale divine, tandis que ses adversaires n'ont d'autres armes à lui opposer que des habitudes contractées à une époque d'ignorance et de barbarie, soutenues par les principes de l'égoïsme jésuitique.

En résumé, je pense que vous devriez propager immédiatement votre nouvelle doctrine, et préparer des missions chez toutes les nations civilisées pour la faire adopter.

Le N. Les nouveaux chrétiens doivent développer le même caractère et suivre la même marche que les chrétiens de l'église primitive ; ils ne doivent employer que les forces de leur intelligence pour faire adopter leur doctrine. C'est seulement avec la persuasion et avec la démonstration qu'ils doivent travailler à la conversion des catholiques et des protestants ; c'est au moyen de la démonstration et de la persuasion qu'ils parviendront à déterminer ces chrétiens égarés à renoncer aux hérésies dont les religions papales et luthériennes sont infectées, pour adopter franchement le Nouveau Christianisme.

Le Nouveau Christianisme, de même que le Christianisme primitif, sera appuyé, poussé, protégé par la force de la morale et par la toute-puissance de l'opinion publique; et si malheureusement son admission occasionnait des actes de violence, des condamnations injustes, ce seraient les nouveaux chrétiens qui subiraient les actes de violence, les condamnations injustes; mais, dans aucun cas, on ne les verra employer la force physique contre leurs adversaires; dans aucun cas, ils ne figureront ni comme juges ni comme bourreaux.

Après avoir trouvé le moyen de rajeunir le Christianisme en faisant subir une transfiguration à son principe fondamental, mon premier soin a été, il a dû être, de prendre toutes les précautions nécessaires pour que l'émission de la nouvelle doctrine ne portât point la classe pauvre à des actes de violence contre les riches et contre les gouvernements.

J'ai dû m'adresser d'abord aux riches et aux puissants pour les disposer favorablement à l'égard de la nouvelle doctrine, en leur faisant sentir qu'elle n'était point contraire à leurs intérêts, puisqu'il était évidemment impossible d'améliorer l'existence morale et physique de la classe pauvre par d'autres moyens que ceux qui tendent à donner de l'accroissement aux jouissances de la classe riche.

J'ai dû faire sentir aux artistes, aux savants et aux chefs des travaux industriels que leurs intérêts étaient essentiellement les mêmes que ceux de la masse du peuple; qu'ils appartenaient à la classe des travailleurs, en même temps qu'ils en étaient les chefs naturels ; que l'approbation de la masse du peuple pour les services qu'ils lui rendaient était la seule récompense digne de leurs glorieux travaux. J'ai dû insister beaucoup sur ce point, attendu qu'il est de la plus grande importance, puisque c'est le seul moyen de donner aux nations des guides qui méritent véritablement leur confiance, des guides qui soient capables de diriger leurs opinions et de les mettre en état de juger sainement les mesures politiques qui sont favorables ou contraires aux intérêts du plus grand nombre. Enfin j'ai dû faire voir aux catholiques et aux protestants l'époque précise à laquelle ils avaient fait fausse route, afin de leur faciliter les moyens de rentrer dans la bonne. Je dois insister sur ce point, parce que la conversion des clergés catholique et protestant donnerait de puissants appuis au Nouveau Christianisme.

Après cette explication, je reprends le cours de mes idées : je ne m'arrêterai point à examiner toutes les sectes religieuses nées du protestanisme; la plus importante de toutes, la religion anglicane, est tellement liée aux institutions nationales de l'Angleterre, qu'elle ne peut être envisagée convenablement qu'avec l'ensemble de ces institutions, et cet examen aura lieu lorsque je passerai en revue, ainsi que je l'ai annoncé, toutes les institutions spirituelles et temporelles de l'Europe et de l'Amérique. Le schisme grec s'est trouvé jusqu'à présent en dehors du système européen, je n'aurai point à en parler; et d'ailleurs tous les éléments de la critique de ces différentes hérésies sont renfermés dans celle du protestantisme.

Mais je n'ai pas seulement pour but de prouver l'hérésie des catholiques et des protestants; il ne me suffit pas, pour rajeunir entièrement le Christianisme, de le faire triompher de toutes les anciennes philosophies religieuses; je dois encore établir sa supériorité scientifique sur toutes les doctrines des philosophes qui se sont placés en dehors de la religion. Je dois réserver le développement de cette idée pour un second entretien; mais, en attendant, je vais vous donner un aperçu de l'ensemble de mon travail.

L'espèce humaine n'a jamais cessé de faire

des progrès, mais elle n'a pas toujours procédé de la même manière ni employé les mêmes moyens pour accroître la masse de ses connaissances et pour perfectionner sa civilisation : l'observation prouve au contraire que, depuis le quinzième siècle jusqu'à ce jour, elle a procédé d'une manière opposée à celle qu'elle avait suivie depuis l'établissement du Christianisme jusqu'au quinzième siècle.

Depuis l'établissement du Christianisme jusqu'au quinzième siècle, l'espèce humaine s'est principalement occupée de la coordination de ses sentiments généraux, de l'établissement d'un principe universel et unique, et de la fondation d'une institution générale ayant pour but de superposer l'aristocratie des talents à l'aristocratie de la naissance, et de soumettre ainsi tous les intérêts particuliers à l'intérêt général. Pendant toute cette période, les observations directes sur les intérêts privés, sur les faits particuliers et sur les principes secondaires, ont été négligées, elles ont été décriées dans la masse des esprits, et il s'est formé une opinion prépondérante sur ce point, que les principes secondaires devaient être déduits des faits généraux et d'un principe universel : opinion d'une vérité purement spéculative, attendu que l'intelligence humaine n'a point les moyens d'établir des généralités assez précises pour qu'il soit possible d'en tirer, comme conséquences directes, toutes les spécialités.

C'est à ce fait important que se rattachent les observations que j'ai présentées en faisant ce dialogue, dans l'examen du catholicisme et du protestantisme.

Depuis la dissolution du pouvoir spirituel européen, résultat de l'insurrection de Luther; depuis le quinzième siècle, l'esprit humain s'est détaché des vues les plus générales : il s'est livré aux spécialités, il s'est occupé de l'analyse des faits particuliers, des intérêts privés des différentes classes de la société ; il a travaillé à poser les principes secondaires qui pouvaient servir de base aux différentes branches de ses connaissances ; et, pendant cette seconde période, l'opinion s'est établie que les considérations sur les faits généraux, sur les principes généraux et sur les intérêts généraux de l'espèce humaine, n'étaient que des considérations vagues et métaphysiques, ne pouvant contribuer efficacement aux progrès des lumières et au perfectionnement de la civilisation.

Ainsi l'esprit humain a suivi, depuis le quinzième siècle, une marche opposée à celle qu'il avait suivie jusqu'à cette époque ; et certes les progrès importants et positifs qui en sont résultés dans toutes les directions de nos connaissances prouvent irrévocablement combien nos aïeux du moyen âge s'étaient trompés en estimant d'une utilité médiocre l'étude des faits particuliers, des principes secondaires, et l'analyse des intérêts privés.

Mais il est également vrai qu'un très-grand mal est résulté pour la société de l'état d'abandon dans lequel on a laissé, depuis le quinzième siècle, les travaux relatifs à l'étude des faits généraux, des principes généraux et des intérêts généraux. Cet abandon a donné naissance au sentiment d'égoïsme, qui est devenu dominant dans toutes les classes et dans tous les individus. Ce sentiment, devenu dominant dans toutes les classes et dans tous les individus, a facilité à César les moyens de recouvrer une grande partie de la force politique qu'il avait perdue avant le quinzième siècle. C'est à cet égoïsme qu'il faut attribuer la maladie politique de notre époque, maladie qui met en souffrance tous les travailleurs utiles à la société ; maladie qui fait absorber par les Rois une très-grande partie du salaire des pauvres, pour leur dépense personnelle, pour celle de leurs courtisans et de leurs soldats ; maladie qui occasionne un prélèvement énorme de la part de la royauté et de l'aristocratie de la naissance sur la considération qui est due aux savants, aux artistes et aux chefs des travaux industriels, pour les services d'une utilité directe et positive qu'ils rendent au corps social.

Il est donc bien désirable que les travaux qui ont pour objet le perfectionnement de nos connaissances relatives aux faits généraux, aux principes généraux et aux intérêts généraux, soient promptement remis en activité, et soient désormais protégés par la société, à l'égal de ceux qui ont pour objet l'étude des faits particuliers, des principes secondaires et des intérêts privés.

Tel est l'aperçu des idées qui seront développées dans notre deuxième entretien, dont l'objet sera d'exposer le Christianisme sous le point de vue théorique et scientifique, et d'établir la supériorité de la théorie chrétienne sur toutes les philosophies spéciales, tant religieuses que scientifiques.

Enfin, dans un troisième dialogue, je traiterai

directement du Nouveau Christianisme ou du Christianisme définitif. J'exposerai sa morale, son culte et son dogme ; je proposerai une profession de foi pour les nouveaux chrétiens.

Je ferai voir que cette doctrine est la seule doctrine sociale qui puisse convenir aux Européens dans l'état présent de leurs lumières et de leur civilisation. Je prouverai que l'adoption de cette doctrine offre le moyen le meilleur et le plus pacifique pour remédier aux inconvénients énormes qui sont résultés de l'envahissement du pouvoir spirituel par la force physique, arrivé au quinzième siècle, et pour faire cesser cet envahissement en réorganisant le pouvoir spirituel sur de nouvelles bases, et en lui donnant la force suffisante pour mettre un frein aux prétentions illimitées du pouvoir temporel.

Je prouverai encore que l'adoption du Nouveau Christianisme, en faisant marcher de front les travaux relatifs aux généralités des connaissances humaines, et ceux qui ont pour objet le perfectionnement des spécialités, accélérera les progrès de la civilisation infiniment plus qu'ils ne pourraient l'être par toute autre mesure générale.

Je termine ce premier dialogue en vous déclarant franchement ce que je pense de la révélation du Christianisme.

Nous sommes certainement très-supérieurs à nos devanciers dans les sciences d'une utilité positive et spéciale ; c'est seulement depuis le quinzième siècle, et principalement depuis le commencement du siècle dernier, que nous avons fait de grands progrès dans les mathématiques, dans la physique, dans la chimie et dans la physiologie. Mais il est une science bien plus importante pour la société que les connaissances physiques et mathématiques : c'est la science qui constitue la société, c'est celle qui lui sert de base, c'est la morale ; or, la morale a suivi une marche absolument opposée à celle des sciences physiques et mathématiques. Il y a plus de dix-huit cents ans que son principe fondamental a été produit, et, depuis cette époque, toutes les recherches des hommes du plus grand génie n'ont point fait découvrir un principe supérieur par sa généralité ou par sa précision à celui donné à cet époque par le fondateur du Christianisme ; je dirai plus, quand la société a perdu de vue ce principe, quand elle a cessé de le prendre pour guide général de sa conduite, elle est promptement retombée sous le joug de César ;

c'est-à-dire sous l'empire de la force physique, que ce principe a subordonnée à la force intellectuelle.

Je demande maintenant si l'intelligence qui a produit, il a dix-huit cents ans, le principe régulateur de l'espèce humaine, et qui par conséquent a produit ce principe quinze siècles avant que nous ayons fait des progrès importants dans les sciences physiques et mathématiques, je demande si cette intelligence n'a pas évidemment un caractère surhumain, et s'il existe une plus grande preuve de la révélation du Christianisme.

Oui, je crois que le Christianisme est une institution divine, et je suis persuadé que Dieu accorde une protection spéciale à ceux qui font leurs efforts pour soumettre toutes les institutions humaines au principe fondamental de cette doctrine sublime; je suis convaincu que moi-même j'accomplis une mission divine en rappelant les Peuples et les Rois au véritable esprit du Christianisme. Et, plein de confiance dans la protection divine accordée à mes travaux, d'une manière spéciale, je me sens la hardiesse de faire des représentations sur leur conduite aux Rois de l'Europe qui se sont coalisés, en donnant à leur union le nom sacré de *Sainte-Alliance ;* je leur adresse directement la parole, j'ose leur dire :

PRINCES,

Quelle est la nature, quel est le caractère, aux yeux de Dieu et des chrétiens, du pouvoir que vous exercez ?

Quelles sont les bases du système d'organisation sociale que vous travaillez à établir ? Quelles mesures avez-vous prises pour améliorer l'existence morale et physique de la classe pauvre ?

Vous vous dites chrétiens, et vous fondez encore votre pouvoir sur la force physique, et vous n'êtes encore que les successeurs de César, et vous oubliez que les vrais chrétiens se proposent pour but final de leurs travaux d'anéantir complétement le pouvoir du glaive, le pouvoir de César, qui, par sa nature, est essentiellement provisoire.

Et c'est ce pouvoir que vous avez entrepris de donner pour base à l'organisation sociale ! A lui seul appartient, selon vous, l'initiative dans toutes les améliorations générales réclamées par le progrès des lumières. Pour soutenir ce système monstrueux, vous tenez deux millions d'hommes sous les armes, vous avez fait adopter votre principe à tous les tribunaux, et vous avez obtenu des clergés catholique, protestant et grec, qu'ils professassent hautement l'hérésie que le pouvoir de César est le pouvoir régulateur de la société chrétienne.

En rappelant les peuples à la religion chrétienne par le symbole de votre union, en les faisant jouir d'une paix qui est pour eux le premier des biens, vous ne vous êtes néanmoins attiré aucune reconnaissance de leur part; votre intérêt personnel domine trop dans les combinaisons que vous présentez comme étant d'un intérêt général. Le pouvoir suprême européen qui réside dans vos mains est loin d'être un pouvoir chrétien comme il eût dû le devenir. Dès que vous agissez, vous déployez le caractère et les insignes de la force physique, de la force antichrétienne.

Toutes les mesures de quelque importance que vous avez prises depuis que vous êtes unis en sainte-alliance, toutes ces mesures tendent par elles-mêmes à empirer le sort de la classe pauvre. non-seulement pour la génération actuelle, mais même pour les générations qui doivent lui succéder. Vous avez augmenté les impôts, vous les augmentez tous les ans, afin de couvrir l'accroissement des dépenses occasionnées par vos armées soldées et par le luxe de vos courtisans. La classe de vos sujets à laquelle vous accordez une protection spéciale est celle de la noblesse, classe qui, de même que vous, fonde tous ses droits sur l'épée.

Cependant votre blâmable conduite paraît excusable sous plusieurs rapports : une chose a dû vous induire en erreur, c'est l'approbation qu'ont reçue les efforts communs que vous avez faits pour terrasser le pouvoir du César moderne. En combattant contre lui, vous avez agi très-chrétiennement ; mais c'est uniquement parce que, dans ses mains, l'autorité de César, que Napoléon avait conquise, avait beaucoup plus de force que dans les vôtres, où elle n'est parvenue que par héritage. Votre conduite a encore une autre excuse : c'est que c'était aux clergés à vous arrêter au bord du précipice, tandis qu'ils s'y sont précipités avec vous.

PRINCES,

Écoutez la voix de Dieu, qui vous parle par ma bouche ; redevenez bons chrétiens, cessez de considérer les armées soldées, les nobles, les clergés hérétiques et les juges pervers comme vos soutiens principaux ; unis au nom du Christianisme, sachez accomplir tous les devoirs qu'il impose aux puissants ; rappelez-vous qu'il leur commande d'employer toutes leurs forces à accroître le plus rapidement possible le bonheur social du pauvre !

FIN DES ŒUVRES DE SAINT-SIMON.

Paris, Paul Dupont, rue Jean-Jacques-Rousseau, 41 (4219.1.70.)

www.ingramcontent.com/pod-product-compliance
Ingram Content Group UK Ltd.
Pitfield, Milton Keynes, MK11 3LW, UK
UKHW021043200726
13857UKWH00003B/796

9 782012 464933